AMRA

MARLIES PANTE

REINE LIEBE
ERWARTET DICH!

Botschaften vom
ARCTURUS

AMRA

Originalausgabe

Besuchen Sie uns im Internet:
www.AmraVerlag.de

Auf der Reitbahn 8, D-63452 Hanau
Telefon: + 49 (0) 61 81 – 18 93 92
Kontakt: Info@AmraVerlag.de

Herausgeber & Lektor	Michael Nagula
Umschlaggestaltung	Murat Karaçay
Umschlagmotiv	Fotolia für Doreen Salcher
Layout & Satz	nimatypografik
Druck	CPI Moravia Books

ISBN 978-3-939373-82-7

Das Universum ist größer,
als sich das jemand erträumen könnte.
Wenn wir also die Einzigen sind,
ist das ’ne ziemliche Platzverschwendung, oder?

Jodie Foster in CONTACT

Für meine Eltern Katharina und Werner Pante.
Ihr habt alles richtig gemacht.

Inhalt

Wie ich zu den Arcturianern kam

Ich habe meiner Freundin Cornelia etwas über Pyramiden aus Licht erzählt, die mir immer wieder erschienen sind. Sie meinte, dass sie das sehr stark an die Arcturianer erinnere. Auf mein Nachfragen, wer das sei, erzählte sie mir, dass die Arcturianer christliche Außerirdische seien. Ich dachte: *Nee, geh mir bloß weg mit Außerirdischen.* Die Faszination war jedoch größer, als ich wollte. In den nächsten Tagen musste ich ständig an die Arcturianer denken. Sie übten eine magische Anziehungskraft auf mich aus. Ich beschloss, diese Wesen einzuladen, sich bei mir vorzustellen. Das vorliegende Buch schildert die Kontaktaufnahme der Arcturianer, die wenige Tage später einsetzte.

Bei der Form der Quantenheilung, die ich mit Freundinnen entwickelt habe, betreten wir regelmäßig die geistige Welt. Wir haben häufigen Kontakt zu den Arcturianern sowie zu anderen Lichtwesen wie den Hathoren, der Weißen Schwestern- und Bruderschaft, Sananda, den Erzengeln und vielen mehr. Dieser Kontakt ist inzwischen so selbstverständlich für uns geworden, dass wir die Sprache der Lichtwesen immer besser und tiefer verstehen lernen.

Es ist mir eine Freude und Ehre, auf diesem Wege etwas von der großartigen Liebe, an der wir dadurch teilhaben können, an Euch weiterzugeben.

Marlies Pante

Ich liege in meinem Bett und bemerke, dass eine Wesenheit mit mir den Raum teilt. Vorsichtig schaue ich mich um, kann jedoch niemanden entdecken. Das Gefühl, dass ich nicht allein bin, ist so stark, dass ich leise ein »Hallo?« hervorbringe.

Guten Abend, Du Liebe, vernehme ich. Diese Antwort habe ich nicht gehört, sondern sie war in mir.

Habe keine Angst. Du hast uns gerufen.

Wen habe ich gerufen?

Uns.

Wer seid Ihr?

Wir sind Arcturianer – christliche Lebewesen, die nicht auf Eurer schönen Erde inkarniert sind.

Außerirdische?

Ja, aus Eurer Sicht sind wir Außerirdische. Die meisten von uns haben jedoch auch einige Inkarnationen auf der Erde verbracht, und viele von uns sind derzeit unter Euch.

Was macht Ihr hier?

Ihr habt uns gerufen. Wir helfen Euch dabei, die Schwingung Eures schönen Planeten in die nächsthöhere Dimension anzuheben.

In die fünfte?

Ja.

Ich habe gelesen, dass in der fünften Dimension die Zeit vom Denken zur Manifestation des Gedankens immer schneller vergeht.

Ganz recht. Das ist eines von vielen neuen Gesetzen, die immer mehr Euer Leben auf der Erde beeinflussen.

Könnt Ihr mir alle neuen Gesetze nennen?

Später. Zunächst einmal möchten wir uns näher mit Dir bekannt machen und Dich um Erlaubnis bitten.

Erlaubnis wofür?

Erlaubnis, dass wir mit Dir in Kontakt sind und Dir unsere Botschaften für Euch Menschen übermitteln dürfen.

Ich glaube, Ihr seid schon dabei.

Wir bemerken, dass Du keine Angst vor uns hast. Das ist Voraussetzung für die Übermittlung unserer Botschaften.

Ja, stimmt, ich habe keine Angst vor Euch. Ich kann Euch sogar ein bisschen sehen. Es wundert mich gar nicht, dass ich keine Angst habe, es kommt mir sehr selbstverständlich vor, jetzt mit Euch zu kommunizieren. Habt Ihr das so gemacht?

Wir haben die passende Schwingung in Dir abgewartet, um mit Dir in Kontakt zu treten.

Oh, ich glaube, das ist eine große Sache. Es kommt mir vor, als ob wir nun öfter miteinander zu tun haben, stimmt das?

Ja. Von nun an werden wir Dich in Deinem Leben begleiten. Wir werden immer bei Dir sein. Du wirst unsere Anwesenheit in manchen Situationen spüren, aber während der meisten Zeit wirst Du vergessen, dass wir bei Dir sind. Das ist so gewollt. Diese Dialoge wird es in regelmäßigen Abständen geben. Du wirst den Kontakt zu uns herstellen, oder wir werden versuchen, Deine Aufmerksamkeit zu erlangen. Aber das ist genug für den Anfang.

Schlafe nun, Du Liebe. Wir werden Deine Träume begleiten. Wir sehen uns bald wieder.

Okay, gute Nacht.

Hallo?

Wir sind hier. Wir haben schon auf Dich gewartet.

Gut, ich hatte schon befürchtet, ich hätte mir das alles nur eingebildet.

Du wirst immer wieder Zeiten haben, in denen Du Dich fragst, ob wir tatsächlich existieren oder ob wir Deiner Fantasie entsprungen sind.

Woran kann ich denn merken, dass Ihr echt seid?

Tief in Dir wirst Du wissen, was die Wahrheit ist.

Also, im Moment habe ich wirklich das Gefühl, dass dieses Gespräch eine Kommunikation mit einem echten Gegenüber ist. – Womit fangen wir heute an? Habt Ihr einen Plan, oder soll ich Fragen stellen? Wie ist es vorgesehen?

Du Liebe. Schön, dass Du da bist, und schön, dass Du bereits in das Gespräch mit uns eingetreten bist. Für den Anfang ist es gut, wenn Du Fragen stellst. Sicherlich möchtest Du mehr über uns erfahren. Später werden wir Dir unsere Botschaften übermitteln. Wir sind bereit für Deine Fragen.

Also, meine erste Frage: Warum wollt Ihr uns Menschen helfen?

Das ist eine schöne Frage. Wir haben diese Frage erwartet und antworten Dir gerne. Die Verbindung von uns Arcturianern zu Euch Menschen besteht bereits seit über 150.000 Jahren. Viele von uns sind selbst in einen Inkarnationszyklus auf der Erde eingetreten oder übernahmen andere Betreuungsaufgaben auf Eurem schönen Planeten. Seit 20.000 Erdenjahren haben wir es uns zur Aufgabe gemacht, Euch in Eurer Entwicklung zu unterstützen und zu begleiten.

Wir Arcturianer befinden uns derzeit in der neunten Dimension. Damit auch wir uns weiterentwickeln können, haben wir begonnen, Wesen auf anderen Planeten in ihrer Entwicklung zu unterstützen. Die Erde ist ein reiner Lernplanet. Wir (und auch Ihr, aber dazu später) können hier keine Fehler machen. Wir können nur lernen.

Ein wichtiger Aspekt für unsere Erfahrungen ist, Wesen auf Planeten zu helfen, auf denen ein Dimensionswechsel unmittelbar bevorsteht. Die Erde befindet sich derzeit in der Übergangsphase von der dritten in die fünfte Dimension, ist also nun für einige Jahre in der vierten Dimension. Dieser Übergang ist sehr spannend für uns, weil so ein Ereignis nur einmal in einem Zyklus von 26.000 Jahren stattfindet.

Da die Erde bislang den Gesetzen der Dualität unterliegt, können wir hier besondere Erfahrungen sammeln. Diese Erfahrungen benötigen wir, wenn wir mit unserem geliebten Planeten Arcturus gemeinsam von der neunten in die elfte Dimension aufsteigen. Dies wird in ungefähr 9000 Erdenjahren der Fall sein.

Ich verstehe. Ihr helft uns, damit Ihr Erfahrungen macht, die Euch Euren eigenen Dimensionswechsel ermöglichen.

So ist es. Das ist jedoch nicht der einzige Grund. Als wir uns Dir vorgestellt haben, sagten wir, dass wir christliche Außerirdische sind. Damit meinen wir, dass unsere Schwingung reine Liebe ist. Wir sehen Euch Menschen durch die Schwingung der Liebe und haben tiefes Verständnis für Eure Lebenssituationen und für Eure Kämpfe, die Ihr mit Euch, mit Euren Mitmenschen und mit Euren Umgebungen und Umständen führt.

Wir sind bei Euch, um Eure eigene Schwingung der Liebe zu erhöhen. Eure persönliche Schwingung und die Schwingung Eures wundervollen Planeten. Wenn Eure Schwingung immer lichter und von Liebe erfüllter wird, hört Ihr nach und nach auf zu kämpfen. Ihr kommt von dem Zustand des Kämpfens in den Zustand des Seins.

Ui. Jetzt habe ich ein paar Fragen dazu.

Wir haben das erwartet, meine Liebe. Frage!

Wieso betont Ihr immer *Erden*jahre? Habt Ihr eine andere Zeitrechnung als wir?

Wir empfinden die Zeit nicht so, wie Ihr sie empfindet. Wir wissen, dass Dir bereits bekannt ist, dass die Zeit nicht chronologisch abläuft, sondern alles Geschehen zeitgleich stattfindet.

Ja, das stimmt. Aber ich kann es mir oft schwer vorstellen. Mir hilft manchmal die Vorstellung, dass die Zeit wie ein Fahrradreifen ist. Ich bin in der Mitte, in der Nabe. Und die Geschehnisse finden außen auf dem Profil statt. Real erlebe ich immer die Zeit, in der das Profil gerade die Straße berührt. Ich kann aber mit meiner Aufmerksamkeit auch von der Nabe zu jedem anderen Punkt auf dem Reifenprofil gehen. Ich kann zu dem Teil gehen, der kurz vorher die Straße berührt hat, und ich kann mit meiner Aufmerksamkeit auch zu dem Teil gehen, der erst in einer Sekunde die Straße berühren wird. Natürlich kann ich auch dem Teil des Reifens meine Aufmerksamkeit schenken, der gerade am weitesten von der Straße entfernt ist. Aber der gesamte Reifen, also die gesamte Zeit, existiert zu jeder Sekunde als Ganzes.

Du weißt sehr viel. Wir wissen, dass Ihr Euch die Gegenwart der Gesamtzeit nur schwer vorstellen könnt. Auch für uns ist dies nicht immer leicht. Wir haben in der uns vertrauten neunten Dimension viele Einblicke in die Zeit gewonnen und Selbstverständlichkeiten über sie gelernt. Wir bewegen uns in der Zeit, wir können die Chronologie, das Aufeinanderfolgen der Zeit durch Gedankenanstrengung und den bloßen Wunsch durchbrechen.

Dennoch unterliegen wir mit unserer Gesamterfahrung noch der Chronologie der Zeit. Unser Zeitempfinden ist ebenfalls chronologisch. Deshalb zählen auch wir die Jahre auf unserem geliebten Planeten Arcturus.

Da wir in einem anderen Sonnensystem leben als Ihr, ist ein arcturianisches Jahr nicht von der gleichen Länge wie ein Erdenjahr. Wir unterliegen in unserem Sonnensystem einer anderen

Dimension von Zeit, so dass wir Erdenjahre und arcturianische Jahre nicht so verrechnen können, dass Ihr dieser Rechnung folgen könntet. Unser Planet umkreist die Sonne in unserer Galaxie einmal in dreihundertzweiundzwanzig Erdenjahren.

Wir Menschen wissen wohl noch nicht viel über die Zeit?

Ihr wisst mehr, als Ihr noch vor hundert Jahren wusstet. Viele von Euch wissen um die Synchronizität der Zeit. Sehr viele auf Eurem Planeten wissen das nicht. Es wird immer nur eine bestimmte Anzahl von Euch sein, die erwacht und die ihr kosmisches Wissen ausweitet.

Aber auch wir lernen und lernen. Bei unseren Reisen durch das Raum-Zeit-Kontinuum haben wir bereits neun verschiedene Paralleluniversen entdeckt, die zeitgleich mit dem unseren existieren. Du siehst, auch wir lernen die Ausweitung der Zeit immer umfassender zu begreifen. Auch uns ist das gesamte System der Zeit noch nicht offenbart.

Ich weiß gar nicht, was ich zuerst fragen soll. Ihr macht mit jeder Aussage ein neues Fass auf. Ich möchte am liebsten alles auf einmal wissen. Habt Ihr einen Plan, wie wir weitermachen?

Wir lenken diese Unterhaltung. Sie wird an vielen Tagen und Abenden stattfinden. Die Fragen werden von Dir kommen. Später werden wir Dir auch Mitteilungen von uns machen.

Okay. Wenn Ihr es lenkt, kann ich einfach Fragen stellen, ohne dass ich mir vorher eine Struktur überlegen muss?

Frage, was Dir während unserer Unterhaltung einfällt. Es wird immer richtig sein.

Danke. Es ist schön zu wissen, dass es immer richtig sein wird.

Ihr Menschen könnt keine Fehler machen. Die Erde ist ein reiner Lernplanet. Ein Lernplanet für die Seele. Betrachtet die Erde als eine Schule für die Seele. Jeder einzelne von Euch ist auf diesem wundervollen Planeten inkarniert, weil er sich die Erde als Schulungsraum für seine Seele ausgesucht hat.

Aber auch für uns ist die Erde ein reiner Lernplanet. Wir dürfen hier lernen, anderen Wesen bei ihrem Aufstieg in andere Dimensionen zu helfen.

Und wieso kann man dabei keine Fehler machen?

Fehler, wie Ihr sie aus Euren alltäglichen Leben kennt, sind Entscheidungen oder Handlungsweisen, die unangenehme Folgen für Euch haben. Deshalb sagt Ihr im Nachhinein: Es war ein Fehler.

Tatsächlich jedoch befindet Ihr Euch auf der Erde, auf der keine Fehler gemacht werden können. Alles, was Ihr tut, alles, was Ihr denkt, alles, was Ihr fühlt, ist ein Teil des Prozesses, den Eure Seele geht und den sie selbst gewählt hat.

Es ist unmöglich, dass Eure Seele die Lernaufgaben, die auf der Erde zu lösen sie sich vorgenommen hat, nicht löst. Es ist möglich, dass Ihr viele Inkarnationen benötigt, um Eure Entwicklung voranzutreiben. Es ist möglich, dass Ihr immer wieder die gleichen Erfahrungen macht, bevor Eure Seele bereit ist, die Aufgabe zu lösen. Es ist möglich, dass Ihr verzweifelt und mutlos seid. Es ist möglich, dass Ihr Inkarnationen freiwillig beendet. Aber es ist nicht möglich, Eure Aufgabe nicht dem Wunsch Eurer Seele entsprechend zu lösen.

Die meisten von Euch benötigen sehr viele Inkarnationen, um die Aufgaben und Wünsche Eurer Seele zu erfüllen. Das ist gewollt. Wenn Ihr auf eine irdische Schule geht, geht Ihr auch Tag für Tag in die Schule und erhaltet Euren Abschluss erst nach einer Dauer von Jahren.

In Euren Schulen könnt Ihr Auslandsjahre einfügen, Eure Seele kann Inkarnationen auf anderen Planeten leben. Aber: Jede Seele wird am Ende ihre Entwicklung entsprechend ihres Wunsches erreicht haben.

So könnt Ihr also keine Fehler machen. Ihr sammelt Erfahrungen. Und entsprechend den kosmischen Gesetzen wird Eure Seele immer mehr eigenes Wissen im Umgang mit diesen Gesetzen erlangen, bis sie spielend damit umgehen kann und die Aufgabe hier auf der Erde und in dieser Dimension endgültig erledigt ist.

Ihr könnt danach nur noch in irdische Inkarnationszyklen eintreten, um andere Seelen in ihrem Prozess zu begleiten. Als Schüler könnt Ihr Euch auf der Erde dann nicht mehr inkarnieren. So, wie es in Euren irdischen Schulen nicht möglich ist, nach dem Abitur wieder in der ersten Klasse anzufangen. Als Lehrer jedoch könnt Ihr Eure Schulen wieder betreten.

Der Dimensionswechsel der Erde steht kurz bevor, und das ist eine einmalige Chance für viele von Euch, die kosmischen Gesetze schneller und mit weniger Leid und ohne weitere Inkarnationen zu erfahren. Es gibt eine festgesetzte Zahl von Seelen, die beim ersten Schwung mit dem Dimensionswechsel die Erde verlassen wird.

Es gibt eine festgesetzte Anzahl von Seelen, die beim Dimensionswechsel die Erde verlässt?

Ja. Derzeit gibt es auf der Erde etwa drei Millionen Lichtarbeiter. Lichtarbeiter sind diejenigen von Euch, die das kosmische Licht in sich einströmen lassen, um nach und nach ihre Grobstofflichkeit zu transformieren. Diese Transformation ist die Voraussetzung für den Dimensionswechsel. Die Transformation muss in Euch und mit Eurem Planeten stattfinden.

Es leben sechs Milliarden Menschen auf der Erde. Bei drei Millionen Lichtarbeitern ist das ja nur jeder zweitausendste. Ich lebe in einer Stadt mit 500.000 Einwohnern. Das bedeutet, dass hier maximal zweihundertfünfzig Lichtarbeiter leben. Das ist wenig.

Es gibt regionale Unterschiede. An vielen Orten Eurer Erde leben so gut wie keine Lichtarbeiter. In anderen Regionen leben mehr, so dass Deine Rechnung nicht passend ist. In Deiner Stadt leben etwa achthundert Lichtarbeiter.

Oh. Das ist viel. Werden wir alle die Erde verlassen beim Dimensionswechsel? Und wie verlassen wir die Erde?

Beim ersten Schwung des Dimensionswechsels werden zwischen 250.000 und 300.000 von Euch die Erde verlassen. Ihr werdet Eure Körper abstreifen und in einer anderen Form weiterexistieren.

Ich will aber nicht die Erde verlassen und meinen Körper abstreifen. Gehöre ich zu denen, die beim ersten Schwung die Erde verlassen?

Jede Seele hat die freie Entscheidung, ob sie die Erde bei diesem Ereignis verlassen möchte. Jede Seele wird nachts, wenn Euer Wachbewusstsein ausgeschaltet ist, von uns und von anderen kosmischen Helfern befragt. Voraussetzung ist, dass diese Seele ausreichend Erfahrungen auf der Erde gesammelt hat und reif genug ist für den Dimensionswechsel.

Für jede Seele sind elf kosmische Helfer zuständig. Jede Seele hat elf Helfer, die genau wissen, auf welchem Stand der Entwicklung Ihr Euch befindet.

Woher weiß ich, ob meine Seele die Erde verlassen möchte?

Jeder Mensch hat die Möglichkeit, mit seinem Wachbewusstsein zu entscheiden, auf der Erde zu bleiben. Ihr könnt uns dies mitteilen. Wir werden diese Entscheidung mit Eurer Seele besprechen. Für Eure Seele ist es nicht wichtig, wann Ihr den Dimensionswechsel vollzieht. Einige Seelen streben diesen Wechsel an, aber das spürt der Mensch. Es gibt viele unter Euch, die die Erde nun sehr gerne verlassen werden.

Liebe Arcturianer und liebe andere kosmische Helfer, die Ihr für mich zuständig seid. Bitte lasst mich nicht unter den Ersten sein, die die Erde beim Dimensionswechsel verlassen. Ich möchte noch etwas länger bleiben. – So?

Ja, so kannst Du es machen.

Gut. Okay. Ich habe Angst davor. Ich finde es zwar nicht immer berauschend hier auf der Erde, aber ich möchte wirklich noch hier bleiben. Was passiert denn mit den 300.000 abgestreiften Körpern?

Die Seelen, die die Erde beim Dimensionswechsel verlassen, werden immer weniger Kontakt zu Menschen haben, die auf der Erde bleiben. Sie werden sich in Gruppen zusammenfinden und die Beziehungen zu anderen Menschen abbrechen. Einige von diesen Gruppen existieren bereits. Es wird mehr Gruppen geben, und die einzelnen Gruppen werden größer sein.

Wissen die Menschen, dass sie sich in Aufstiegsgruppen für den Dimensionswechsel befinden?

Einige von Euch haben eine Ahnung. Es sind Freundeskreise. Es kommen neue Freunde hinzu, und es werden einige wieder gehen. Jede Seele entscheidet sich erst unmittelbar vor dem Dimensionswechsel, ob sie dabei ist oder nicht. Fest steht, dass es 250.000 bis 300.000 Seelen sind. Wir wissen, dass es diese Anzahl ist. Welche Seelen dazugehören, ist noch nicht entschieden. Fest steht auch, dass es für jede Seele die richtige Entscheidung sein wird. Es gibt nicht so etwas wie: Es werden nur 300.000 genommen, Sie sind der 300.001. Pech gehabt. Es wird für alle genau richtig sein.

Einigen Seelen werden wir den Übergang nicht erlauben, weil sie noch nicht genug vorbereitet sind. Wenn der Wechsel stattfindet, verlassen die Seelen ihren Körper und steigen in die andere Dimension ein. Ihr irdischer Körper wird augenblicklich transformiert.

Das heißt, die verschwinden einfach so?

Ihr werdet deren Verschwinden kaum bemerken. Ihr bewegt Euch in anderen Kreisen.

Und wo sind die Leute/die Seelen dann?

Erinnert Euch daran, dass Dimensionen keine Orte sind, sondern Frequenzen, die sich mit denen eines Radios vergleichen lassen.

Diese Seelen befinden sich nun auf einer anderen Ebene der Wahrnehmung. Einige bekommen einen Körper, der genauso aussieht wie ihr irdischer Körper, und werden wieder unter Euch sein. Dieser Körper ist jedoch feinstofflicher. Diese Menschen werden sich nicht mehr in Konflikten oder Zwängen befinden.

Oh, vielleicht will ich das doch. Was ist mit den anderen? Wo gehen die hin?

Einige werden auf anderen Planeten inkarnieren. Einige werden als körperlose Wesen zur Erde zurückkehren und den Seelen helfen, die nach ihnen den Dimensionswechsel vollziehen. Andere werden Schüler in kosmischen Schulen. Alle, die den Wechsel vollzogen und ihren irdischen Körper abgestreift haben, leben unter den kosmischen Gesetzen der fünften Dimension. Egal, wo sie sich in diesem Kosmos befinden.

Wieso reicht es aus, dass auf der Erde drei Millionen Lichtarbeiter sind? Müssten es nicht viel mehr sein für den Dimensionswechsel?

Meine Liebe, die drei Millionen Menschen, die sich bewusst mit dem Aufstieg beschäftigen, wirken auf die anderen Menschen durch ein Gesetz, welches Eure Wissenschaftler das Morphogenetische Feld genannt haben.

Morphogenetisches Feld sagt mir etwas. Ich kenne das Beispiel mit den Milchflaschen und den Meisen, daran kann ich am leichtesten verstehen, wie dieses Gesetz funktioniert.

Was hast Du von dem Beispiel behalten, und wie hast Du das Gesetz verstanden?

Was ich von dem Beispiel noch weiß, ist Folgendes: Vor dem Zweiten Weltkrieg wurden in Großbritannien Meisen dabei beobachtet, wie sie Milchflaschen, die frühmorgens vor die Haustüren gestellt wurden, mit ihrem Schnabel öffneten und dann daraus tranken. In einigen Gegenden folgten sogar kleinere Schwärme von Meisen den Milchwagen, um sich, sobald die Milchflaschen vom Milchmann vor die Tür gestellt wurden, sofort darauf zu stürzen und sie mit ihren Schnäbeln zu öffnen.

Die ersten Berichte über diese Verhaltensweisen kamen 1921 aus der englischen Stadt Southampton. In den Jahren 1930 bis 1947 wurde die Ausbreitung dieses neuen Verhaltens genau dokumentiert. Spannend finde ich, dass sich Meisen normalerweise nicht sehr weit von ihrem Nistplatz entfernen, unter außergewöhnlichen Umständen höchstens fünfundzwanzig Kilometer. Dieses Verhalten von Meisen, die Milchflaschen öffnen, wurde an Orten beobachtet, die wesentlich weiter als fünfundzwanzig Kilometer voneinander entfernt liegen. Man kann also davon ausgehen, dass es sich bei diesem Verhalten um unabhängige Neuentdeckungen einzelner Vögel handeln musste.

Eine detaillierte Analyse der gemachten Aufzeichnungen zeigte, dass sich diese neue Gewohnheit mit der Zeit immer schneller ausbreitete. Insgesamt wurde sie auf den Britischen Inseln etwa neunzig Mal beobachtet. Innerhalb kürzester Zeit breitete sich dieses Verhalten auch in Schweden, Dänemark und den Niederlanden aus.

Durch den Krieg verschwanden die Milchflaschen. Sie kamen erst ab 1947 allmählich wieder in Gebrauch. Es dürfte daher so gut wie kaum eine der Meisen, die das Öffnen der Flaschen vor dem Krieg erlebt hatte, noch am Leben gewesen sein. Dennoch setzte der Milchraub sehr rasch wieder ein und breitete sich wesentlich schneller aus, als dies in den Zwanziger- und Dreißigerjahren der Fall gewesen war.

Wenn ich das jetzt auf die Lichtarbeiter übertrage, dann bedeutet das doch, dass wir mit unserer bewussten Beschäftigung mit dem Dimensionswechsel und eventuell veränderten Verhaltensmustern auf den Rest der Bevölkerung eine Wirkung der Nachahmung haben.

Du weißt bereits sehr viel darüber.

Ja, es interessiert mich.

Ähnlich ist es mit Eurer Theorie der irdischen beziehungsweise menschlichen Gitternetze. Wenn es zum Beispiel in Japan ein Paar Libellen von einer bestimmten Rasse gibt, und es existiert nur ein einziges Paar davon auf der Erde, so ist die gesamte Erde mit deren Energiefrequenz, mit deren energetischem Gitter gefüllt.

So ein Gitter ist wie ein Strickmuster, ein Spinnennetz, das dazu führt, dass ihr Dasein, ihre Zeugung und deren Erfahrung in der Inkarnation die gesamte Flora und Fauna beeinflussen, sogar alle menschlichen Wesen dieses Planeten.

Nun kannst Du ermessen, wie groß der Einfluss eines jeden Einzelnen von Euch ist.

Könnt Ihr mir etwas über die Gesetze der fünften Dimension verraten?

Einiges weißt Du bereits.

Ja, ich weiß zum Beispiel, dass wir uns seit 1987 in der vierten Dimension befinden, also im Übergang zwischen der dritten und der fünften Dimension. Seitdem werden so gut wie nur noch »alte« Seelen geboren, die bereits viele hunderte Leben gelebt haben und nun reif genug sind, diesen Dimensionswechsel zu vollziehen. Wir können nur in die fünfte Dimension gelangen, wenn der Großteil der auf der Erde inkarnierten Seelen bereit dafür ist. Ungefähr ab Ende des Jahres 2012 sollten wir uns in der fünften Dimension befinden.

Um diese Jahreszahl ranken sich viele Geschichten. Viele Völker, die ein höheres Bewusstsein entwickelt hatten, verstanden, worum es ging. Die Maya, die Druiden, die Kelten, sie wussten, dass uns eine Zeitenwende bevorsteht.

Es ist nicht erstaunlich, dass nationale oder globale Katastrophen rapide zunehmen und ihnen Massen von Menschen zum Opfer fallen. Das ist so gewollt. Es handelt sich bei den meisten Opfern um junge Seelen, die für den Dimensionswechsel noch nicht bereit sind.

Der grundlegende Unterschied der fünften gegenüber der dritten Dimension in Bezug auf unsere Realitätsgestaltung besteht darin, dass die Erschaffungszeit vom Gedanken zur Materialisierung wesentlich kürzer ist. Unsere Eltern und Großeltern konnten es sich erlauben, in überwiegend niedriger Schwingung zu leben, über Gott und die Welt zu jammern, ohne direkte Auswirkungen auf ihr Klagen zu spüren. Sie konnten sich darüber beschweren, wie schlecht ihre Gesamtsituation ist, ohne befürchten zu müssen, dass sich ihre Lage dadurch grundlegend verschlechtert hat.

In der fünften Dimension ist das nicht mehr möglich. Unsere Gedanken manifestieren sich immer schneller. Das ist kein Zufall. Deshalb sind wir, wenn wir Einfluss auf die Gestaltung der Umstände, in denen wir leben, nehmen möchten, dazu aufgerufen, unsere Gedanken zu kontrollieren und zu lenken.

Kannst Du Deine Gedanken so kontrollieren, dass Du mit ihnen Deine gewünschte Realität erschaffst?

Ihr wisst wahrscheinlich ganz genau, dass ich das noch nicht so gut kann. Ich kenne einige Methoden, um mir meine Realität bestmöglich zu erschaffen. Aber so ganz führe ich noch nicht mein Wunschleben.

Welche Methoden kennst Du bereits?

Eine Methode heißt *So tun als ob.* Ich fühle mich mit allen Sinnen in das, was ich mir wünsche, hinein, als wäre das Gewünschte bereits vorhanden. Mein Unterbewusstsein kann nicht unterscheiden, ob es wirklich so ist oder ob ich nur so tue. Wenn ich oft genug so tue, als existierte das Gewünschte bereits, kreiert mein Unterbewusstsein im Außen den gewünschten Zustand.

Am einfachsten merke ich das, wenn ich schlechte Laune habe. Dann zwinge ich mich manchmal zu lächeln. Eines von beiden muss sich anpassen, entweder meine Laune oder mein Gesichtsausdruck. Beides geht körpertechnisch nicht. Mein Körper kann nicht gleichzeitig schlechte Laune haben und lächeln. Da ich mich zwinge zu lächeln, muss sich meine Laune anpassen.

Genauso funktioniert es mit anderen Wünschen.

Das ist eine gute und effektive Methode. Wie oft wendest Du sie an?

Ehrlich gesagt nicht so oft. Ich wünsche mir ein bestimmtes Auto, einen roten Mini. Manchmal schließe ich meine Augen und stelle mir vor, dass ich bereits in meinem Traumauto sitze. Ich halte das Lenkrad geistig in meinen Händen, überprüfe, wie es sich anfühlt, wie es riecht, und bediene den Schalthebel. Ich möchte demnächst zu einem Autohändler fahren und eine Probefahrt machen, damit ich noch viel tiefer in dieses Gefühl komme.

Kennst Du noch mehr Methoden, um Deine Realität bewusst zu gestalten?

He, ich dachte, *ich* stelle hier die Fragen. – Ja, ich kenne noch Affirmationen, Bestellungen beim Universum, Wünsche aufschreiben ... Ich kenne jede Menge solche Methoden. Worauf wollt Ihr hinaus? Ihr wisst das doch alles.

Weißt Du, was alle diese Methoden gemeinsam haben?

Na ja, alle Methoden setzen voraus, dass ich mich intensiv mit meinen Wünschen beschäftige. Aber das ist es ja gerade, was mich nervt. Ich habe nicht immer Lust, mich hinzusetzen und eine »Erschaffungsstunde« abzuhalten. Jede dieser Techniken erfordert Aufwand.

Genau das ist der Punkt. Die Energie, die Euch umgibt, wird zunehmend feinstofflicher. Das bedeutet, dass fortlaufend weniger Blockaden in Eurer Erschaffungsenergie bestehen. Mit anderen Worten: Ihr müsst immer weniger Energieaufwand betreiben, damit Eure Gedanken sich manifestieren.

O Mann! Dann kann ich ja bald meinen Mini fahren.

Die Tatsache, dass sich Eure Gedanken immer schneller manifestieren, wird einige Verwirrung auf Eurem Planeten hervorrufen. Da Ihr nicht nur positive Gedanken habt, werden auch Eure Befürchtungen und Ängste zunehmend rascher in Eurer Realität erscheinen. Dieser Prozess beschleunigt sich so sehr, dass das Gesetz der Manifestation bald von jeder auf der Erde inkarnierten Seele verstanden wird.

Dann müssen wir aber ganz schön vorsichtig sein. Haben wir dann auch andere Nachrichten und Zeitungsmeldungen?

Ihr werdet immer mehr auf Eure Worte achten. Ihr werdet immer mehr darauf achten, was Ihr an Informationen aufnehmen möchtet, und Ihr werdet Euch selbst dazu erziehen, das zu denken und zu fühlen, was mit Euren Wünschen übereinstimmt.

Ich glaube, ich brauche jetzt mal eine Pause.

Bis bald, wir lieben Dich!

So, da bin ich wieder.

Wir begrüßen Dich, Du Liebe! Wir haben Dich bereits erwartet.

Ich möchte noch mehr wissen über die Gesetze der fünften Dimension.

Alle kosmischen Gesetze, die ihr kennt, treten stärker in Kraft. Ihr könnt Euch den Unterschied so vorstellen wie den zwischen Eurem Mond und der Erde. Der Mond unterliegt nur einem Achtel der Gravitationskraft im Vergleich zur Erdanziehungskraft bei Euch. Deshalb hüpfen Eure Astronauten dort, statt fest auf dem Boden zu stehen.

Ihr könnt Euch vorstellen, dass auf Eurem Planeten die Wirkung der kosmischen Gesetze lange Zeit so stark war wie die Gravitationskraft auf dem Mond. Wenn Ihr in der fünften Dimension seid, dann ist die Auswirkung der kosmischen Gesetze auf der Erde so unmittelbar und allgemeingültig, dass sie mit der Erdanziehungskraft verglichen werden kann. Jeder Erdenbewohner muss sich der Anziehungskraft der Erde anpassen. Jeder auf der Erde inkarnierte Mensch weiß, dass dieses Gesetz existiert und dass er sein Leben in Abhängigkeit und im Einklang damit führen muss. Niemand würde auf die Idee kommen, sein Haus in die Luft zu bauen, denn jeder weiß, dass alle Steine, alle Gegenstände und auch er selbst von der Erde angezogen werden.

Das Gesetz der Manifestation, das Du zuvor beschrieben hast, wird dermaßen stark sein, dass Ihr es als so unmittelbar und allgemeingültig erkennen werdet wie die Schwerkraft.

Oh, dann überlege ich jetzt mal, welche kosmischen Gesetze ich außerdem noch kenne ... Ja, ich kenne noch das Gesetz der Resonanz, auch das Gesetz der Anziehung genannt. So wie ich denke, fühle, rede, handle, so fallen die entsprechenden Umstände aus, die ich anziehe.

Neulich ist mir dabei etwas Lustiges passiert. Ich habe angefangen, mit einem Freund täglich selbst gereimte Gedichte auszutauschen. Gedichte über unseren Alltag. Interessanterweise haben dann auch die Kunden meines Online-Shops angefangen, ihre Bewertungen in Reimform zu verfassen.

Dieser Freund hat ein besonderes Talent, das Gesetz der Resonanz auf Geld anzuwenden. Er sagt immer, »Geld muss fließen«, und so gibt er immer viel aus. Natürlich strömt dann immer noch mehr zu ihm zurück.

Du hast das Gesetz der Resonanz sehr gut beschrieben. Kannst Du Dir vorstellen, wie Eurer Verhalten sich ändern wird, wenn dieses Gesetz seine volle Wirkung erreicht hat?

Mal überlegen ... Ich vermute, dass niemand mehr einem anderem etwas Schlechtes wünschen wird, weil er das

Schlechte dann ja in seinem eigenen Leben erschafft. Wahrscheinlich wird kaum noch über Krankheiten gesprochen, weil jeder lieber gesund sein möchte. Vielleicht können Zeitungen, die über Raub und Mord berichten, ihren Betrieb einstellen, wenn sie nicht anfangen, positive Nachrichten zu verbreiten. Ich kann mir auch vorstellen, dass die Politik anders agiert. Wahrscheinlich gibt es keinen Kampf gegen Armut mehr, sondern ein Streben nach allgemeinem Wohlstand.

Sicher kann man dann gar nichts mehr kaufen, was GEGEN etwas ist (zum Beispiel *gegen* Pickel, *gegen* Übergewicht, *gegen* Fieber), sondern nur noch etwas, was FÜR etwas ist (zum Beispiel *für* glatte Haut, *für* Normalgewicht, *für* Gesundheit). Aber ich kann mir gar nicht so richtig vorstellen, dass dieses Gesetz dermaßen stark und unmittelbar wirkt wie die Schwerkraft. Da muss man ja total aufpassen, was man sagt, denkt oder fühlt.

Genau so ist es, meine Liebe. Ihr werdet schnell lernen, mit diesem Gesetz umzugehen. Es ist ähnlich wie mit der Herdplatte. Fast jedes Eurer Erdenkinder in den Industrieländern greift irgendwann auf eine heiße Herdplatte. Ihr könnt vorher erzählen, dass sie heiß ist und dass es dort nicht draufgreifen soll. Es wird es trotzdem tun. Danach aber kein zweites Mal.

So verhält es sich auch mit den kosmischen Gesetzen. Zu den Gesetzen, die Ihr schon kennt, werden ein paar weitere kommen, mit denen Ihr noch nicht vertraut seid. Wir dürfen Euch die neuen Gesetze nicht verraten. Es gehört zum Lernprozess, dass ihr sie selbst entdeckt. Sie werden die nächsten 26.000 Jahre nur so schwach sein wie die Schwerkraft auf dem Mond. Ihr habt also genügend Zeit, Euch mit den Gesetzen vertraut zu machen, bevor sie absolut in ihre Wirkung kommen.

Derzeit befindet Ihr Euch noch in der Übergangsphase, in der vierten Dimension. Seit 1987 ist die Erde in der Schwingung der vierten Dimension. Das bedeutet, dass die kosmischen Gesetze, die seit 26.000 Jahren auf der Erde gelten, nun immer stärker werden. Die neuen Gesetze kommen erst hinzu, wenn Ihr Euch in der fünften Dimension befindet.

So ganz kapiere ich das noch nicht mit der fünften Dimension. Ist dann die gesamte Erde in der fünften Dimension oder gilt das nur für diejenigen, die die Erde verlassen? Und warum verlassen sie die Erde, wenn auf der Erde sowieso schon der Dimensionswechsel vollzogen ist?

Meine Liebe, viele von Euch stellen sich in diesen Tagen diese Frage. Wir beantworten sie gerne.

Du weißt bereits, dass Ihr Euch auf der Erde seit 1987 Eurer Zeitrechnung in der vierten Dimension befindet. Die meisten von Euch wissen auch, dass um das Jahr 2012 der Sprung in die fünfte Dimension stattfindet. Viele von Euch stellen sich dieses Ereignis wie einen Urknall vor. Doch wir beruhigen Dich: So wird es nicht geschehen.

In den fünfundzwanzig Jahren von 1987 bis 2012 hat sich die Auswirkung der kosmischen Gesetze der fünften Dimension verstärkt. Ab 2012 wird sich die Kraft dieser Gesetze potenzieren. Das bedeutet, dass sie immer schneller an Wirkungskraft gewinnen. Dieser Prozess dauert erneut etwa fünfundzwanzig Jahre, also bis zum Jahr 2036 Eurer Zeitrechnung. Danach befindet sich die Schwingung Eures Planeten komplett in der fünften Dimension.

Die Seelen, die um 2012 mit dem ersten Schwung die Erde verlassen, werden sich augenblicklich in einem Schwingungsfeld der fünften Dimension befinden. Wenn sie forthin auf der Erde in Erscheinung treten, haben sie ein Schwingungsfeld um sich, das ausschließlich an die fünfte Dimension angepasst ist. Ihr könnt diese Energie in der Gegenwart solcher Seelen spüren. Es ist eine reine feinstoffliche Schwingung.

Also, das beruhigt mich. Überall liest man ja nun von den angeblich bevorstehenden Katastrophen, die vor oder um 2012 noch geschehen werden. Kommen Katastrophen?

Meine Liebe, viele von Euch, die sich weigern, die neuen Gesetze zu akzeptieren, werden persönliche Katastrophen erleben. Persönliche Katastrophen in Beziehungen, Katastrophen in ihren beruflichen, geschäftlichen, finanziellen und körperlichen Umständen. Ihr habt die Wahl, Eure Realität zu erschaffen. Ihr könnt in jeder Angelegenheit den Umstand erschaffen, der Euch gefällt, oder den Umstand, mit dem ihr in den Kampf eintretet.

In den letzten Jahren haben sich auf der Erde so manche globalen Katastrophen ereignet. Sie waren notwendig, um die Erde von Seelen zu befreien, die den Dimensionswechsel erschwert hätten. Diese Seelen benötigen noch mehrere Inkarnationen in einem dreidimensionalen Umfeld. Mit der Trägheit und Schwere der Dreidimensionalität erschweren sie den Aufstieg der Erde. Viele dieser Katastrophen waren notwendig, um die Anzahl der in der dritten Dimension verhafteten Seelen von der Erde loszulösen.

Seit 1987 werden nur noch Seelen auf der Erde geboren, die für den Aufstieg bereit sind. Ein großer Teil der Seelen, die noch die Dreidimensionalität benötigt, hat in diesen Jahren auf natürliche

Weise den irdischen Tod erlebt. Durch die Katastrophen konnte noch mehr Seelen die Gelegenheit gegeben werden, die Erde zu verlassen.

Die Katastrophen werden nun weniger. Die Anzahl der Seelen, die für den Übergang bereit ist, hat inzwischen einen ausreichend hohen Anteil auf der Erde erreicht. Der Wechsel kann stattfinden.

Ich habe gelesen, dass es ab 2012 kein Geld mehr gibt. Stimmt das?

Ihr habt die Möglichkeit, Eure Angelegenheiten durch andere Formen von Energieaustausch zu regeln. Es ist nur eine von vielen Möglichkeiten. Es ist zwar wahrscheinlich, dass Geld noch viele Jahre auf Eurem Planeten genutzt wird, allerdings wird das Geld dann von einer anderen Schwingung umgeben sein, als Ihr es bislang erlebt hat. Geld wird eine Energie der Freude und der Fülle sein.

Wenn Ihr lange genug die Erfahrung gemacht habt, dass Geld Fülle und Freude bedeutet, werdet Ihr in der Folge entscheiden, dass Ihr Geld nicht benötigt. Ihr werdet es abschaffen, weil Ihr erkennt, dass alles, was Ihr mit Geld erschafft und gegen Geld eintauscht, auch ohne Geld zu erschaffen und zu bekommen ist. Die Abschaffung des Geldes wird von vielen von Euch als große Befreiung erlebt werden.

Heißt das, ich kann auf eine Rentenversicherung verzichten?

Meine Liebe, wir möchten Dir keine Anweisungen für Deine Versicherungen geben. Wir wissen, dass Ihr Euch unsicher fühlt, wenn Ihr keine Altersvorsorge oder andere Versicherungen habt.

Wenn Ihr Euch unsicher fühlt, erschafft Ihr einen Raum für Angst vor unerwünschten Ereignissen.

Einige von Euch sind bereits stark genug, sich ohne Versicherungen sicher zu fühlen. Diese Seelen werden keine unerwünschten Ereignisse erschaffen.

Es ist nicht schlimm, wenn Ihr Eure Versicherungen bezahlt. Sie gehören zu Eurem Spiel auf der Erde. Irgendwann werdet Ihr auch die Versicherungen abschaffen, und eine neue Form der Sicherheit wird für Euch spürbar sein.

Danke!

Ich habe Euch letzte Nacht getroffen. Nun ja, vielleicht war es auch nur ein Traum, aber es kam mir sehr lebendig und echt vor.

Du hast uns getroffen. Dein feinstofflicher Körper war bei uns, während Dein grobstofflicher Körper in Deinem Bett lag. Du warst bereits viele Male bei uns – nun zum ersten Mal mit Deinem Wachbewusstsein.

Ich habe bemerkt, dass Ihr alle gleich ausseht. Warum ist das so?

Was Du gesehen hast, ist die Erscheinungsform, die wir annehmen, wenn wir in der dreidimensionalen Welt agieren. Wenn wir auf anderen Ebenen existieren, nehmen wir ein anderes Aussehen an.

Wenn wir bei Euch sind, erscheinen wir Euch als sehr schlanke, männliche Wesen von ungefähr ein Meter achtzig Eurer Größeneinteilung. Wir erwecken den Eindruck, helles loses Haar und einen hüftlangen Umhang zu tragen. Unsere Augen wirken doppelt so groß wie Eure. Unsere Sinnesorgane Mund, Nase und Ohren seht Ihr in sehr schmaler Form. Das liegt daran, dass wir diese Sinnesorgane für unsere Wahrnehmung selten benötigen.

Unseren Mund benutzen wir kaum. Wir verständigen uns durch Telepathie. Auf unserem geliebten Planeten Arcturus gibt es wenige Geräusche, deshalb haben wir so kleine Ohren. Wir haben keine Transportmittel, wir können uns beamen und wir können Gegenstände teleportieren. Man vernimmt lediglich ein sanftes Summen, wie eine leichte Vibration. Das entsteht durch die vielen Gedanken, die telepathisch unterwegs sind. Es ist nicht notwendig, miteinander zu sprechen, weil jeder die Gedanken des anderen lesen kann.

Unsere Augen sind so groß, weil wir ein größeres optisches Spektrum haben als Ihr. Wir sind in der Lage, Eure DNS zu sehen. Wir können Euer Energiefeld sehen, wir sehen die Schwingung der Erde und die von jedem Gegenstand und Wesen, von jeder einzelnen Zelle, die sich auf Eurem Planeten befindet.

Könnt Ihr auch unsere Gedanken lesen?

Selbstverständlich können wir auch Eure Gedanken lesen. Wir respektieren es jedoch, wenn Ihr Grenzen setzt. Wir lesen nur den Teil, den Ihr uns erlaubt zu lesen.

Wie kann ich meine Gedanken für Euch frei geben, und wie kann ich sie vor Eurem Zugriff schützen?

Ohne eine Einladung lesen wir Eure Gedanken nicht.

Aber das weiß doch keiner. Es kommt ja niemand auf die Idee, Euch einzuladen, unsere Gedanken zu lesen.

Das stimmt zum Teil. Jemand, der mit seinem Wachbewusstsein noch nicht von unserer Existenz gehört hat, wird uns nicht darum bitten, seine Gedanken zu lesen. Der erste Kontakt zu uns muss immer von dem betreffenden Menschen beziehungsweise seiner Seele ausgehen.

Es gibt jedoch viele unter Euch, die um geistige Führung bitten. Damit spricht der Betreffende alle kosmischen Helfer an, also auch uns. Wir arbeiten eng mit den Erzengeln und der Weißen Schwestern- und Bruderschaft zusammen. Wenn der Bittende unter Euch niemanden direkt anspricht, erhält er Hilfe von denjenigen von uns, für dessen Schwingung er am besten erreichbar ist.

Die Weiße Schwestern- und Bruderschaft kenne ich. Ich bin Schülerin von denen geworden. Das ist ein Zusammenschluss von Wesenheiten, die die Erdenebene hinter sich gelassen und den Aufstieg der Seele bereits erfahren haben. Der Verbund dieser Schwestern- und Bruderschaft ist die Verpflichtung eingegangen, jedem einzelnen Menschen beizustehen, wenn er oder sie den Aufstieg der Liebe auf dieser Erde ersehnt.

Ist man als Mensch Schüler dieses Verbundes, hat man die Aufgabe, sein eigenes Licht leuchten zu lassen, sich von Karma frei zu halten und jeden mit seiner Ausstrahlung zu berühren, dessen Weg man kreuzt. Man verpflichtet sich, nach und nach das Urteil abzulegen und in jedem Menschen und Wesen den Gott/die Göttin zu erkennen, der/die man selbst ist und der/die uns mit allem verbindet. Wie gesagt, ich bin noch Schülerin, das klappt noch nicht perfekt. Ich habe auch schon länger keinen Unterricht mehr bekommen.

Wir wissen, dass Du deren Schülerin bist. Du hast dort eine Auszeit genossen, weil Deine Seele mit uns Kontakt aufgenommen hat.

Können wir Menschen auch Gedankenlesen lernen? Wie geht das?

Meine Liebe, die Basis für das Gedankenlesen ist die Telepathie, also die Gedankenübertragung. Wenn Ihr Telepathie lernen möchtet, solltet Ihr als Erstes darauf achten, ob Ihr jemanden mit Euren Gedanken erreichen möchtet oder ob Ihr Gedanken haben möchtet, auf die niemand anderes Zugriff hat. Möchtet Ihr mit Euren Gedanken jemanden erreichen, stellt zunächst bewusst den Kontakt zu dessen Seele her und denkt dann erst Euren Gedanken.

Das klingt gar nicht so schwer. Ich probiere es mal, wenn ich daran denke. Danke.

Sehr gerne.

Sehen die Frauen bei Euch genauso aus wie die Männer?

Die Frauen von uns haben etwas feinere Gesichtszüge und sind etwas kleiner als die Männer.

Warum seht Ihr alle gleich aus? Wie unterscheidet Ihr Euch denn untereinander? Wie erkennt Ihr Euch?

Wir haben unseren Egoismus und den Wunsch, uns von anderen zu unterscheiden oder uns hervorzuheben, abgelegt. Dieser Beschluss ist in unserer DNS verankert. So haben wir alle die für uns optimale Erscheinungsform angenommen. Erinnere Dich, dass wir nur in der dreidimensionalen Welt so erscheinen. In anderen Dimensionen nehmen wir andere Formen an, die sich in der Frequenz unterscheiden.

Du weißt bereits, dass wir durch unsere großen Augen in der Lage sind, mehr zu sehen als Ihr. Jeder Arcturianer, der auf der Erde erscheint, hat in seiner Aura die für ihn typischen Erkennungsmerkmale, so dass wir einander sehr gut unterscheiden können. Es sind Unterschiede auf der Ebene der Erfahrungen, die jeder von uns bereits gemacht hat, und der Aufgabe, die wir erfüllen.

Welche unterschiedlichen Aufgaben könnt Ihr denn erfüllen?

Jeder Arcturianer hat bereits als junges Wesen die Möglichkeit, bei den Älteren von uns auszuprobieren, welche Beschäftigung ihm am meisten liegt. Einige von uns haben es sich zur Aufgabe gemacht, die Energie derjenigen aufrechtzuerhalten, die auf anderen Planeten verweilen. Andere erhöhen die Frequenz und reinigen die Aura derjenigen, die von anderen Planeten zurückkehren. Manche von uns erforschen Menschen, andere beschäftigen sich mit Tieren oder Pflanzen. Und natürlich gibt es diejenigen von uns, die Bewohnern anderer Planeten beim Aufstieg in höhere Dimensionen helfen.

Könnt Ihr auch unsere Aura reinigen?

Jeder Mensch, der in den arcturianischen Lichtprozess einsteigt, wird nach und nach einer Reinigung seiner Aura unterzogen.

Wie kann ich in einen solchen Prozess einsteigen?

Deine Seele hat bereits damit begonnen. Du warst letzte Nacht das erste Mal bewusst bei uns. Das war der Anfang. Andere Menschen können uns mit ihrem Wachbewusstsein anrufen und darum bitten, den Lichtprozess zu durchlaufen. Sie werden nachts mit ihrem Wach- oder Unterbewusstsein zu uns kommen, und wir werden die Reinigung mit ihm durchführen. Jeder Mensch kann diesen Prozess durch eine einfache Bitte wieder beenden.

Was ist denn, wenn ich den Prozess durchlaufen habe? Bin ich dann anders? Wie lange dauert der Prozess?

Um den arcturianischen Lichtprozess als Mensch zu durchlaufen, wirst Du ungefähr hundert Mal zu uns kommen. Meistens wirst Du davon nichts wissen, weil wir am besten mit Euch arbeiten können, wenn Ihr im Tiefschlaf seid. Jede Behandlung ist individuell auf die Person zugeschnitten, unter voller Berücksichtigung sämtlicher Leben, Erfahrungen, Blockaden und dem jeweiligen Entwicklungsstand.

Wenn Ihr den Prozess durchlaufen habt, werdet Ihr Euch freier fühlen. Viele verschlossene Kanäle werden geöffnet, und Ihr bekommt wieder Zugang zu Eurer Intuition und Klarheit.

Sehen Eure Kinder auch so aus wie Ihr?

Ja, aber sie sind kleiner. Wenn eine neue Seele auf Arcturus inkarnieren möchte, sucht sie sich ein Elternpaar aus. Einige Arcturianer haben es sich zur Aufgabe gemacht, einen Raum für neue Seelen zu schaffen. Dieses Paar kann dann entscheiden, ob es bereit ist, die Seele aufzunehmen. Es findet kein Geschlechtsakt statt, wie Ihr ihn von Eurem Planeten kennt. Die Elternseelen ziehen sich einige Tage zurück und fokussieren ihre Aufmerksamkeit so lange auf die Energie der neuen Seele, bis sie als arcturianisches Wesen in Erscheinung tritt.

Die Kinder wachsen sehr schnell. Bereits nach drei Jahren verlassen sie ihr Elternhaus und probieren bei Arcturianern ihrer Wahl ihre Berufung aus.

Wir können selbst bestimmen, wann unsere Inkarnation endet. Ein Leben dauert nach Eurer Zeitrechnung ungefähr achthundert

Jahre. Wir veranstalten dann ein großes Abschiedsfest für unsere Freunde, und alle freuen sich, dass wir in eine andere Inkarnation oder Ebene eintreten und eine andere Aufgabe und Erscheinung annehmen werden. Es ist jedes Mal ein Fest der Freude.

Da habt Ihr aber viel Zeit, um Eurer Aufgabe nachzugehen. Erholt Ihr Euch auch zwischendurch?

Ja und nein. Erholungsphasen, wie Ihr sie kennt, benötigen wir nicht. Wir können unsere Energie stabil halten. Aber wenn wir von anderen Planeten zurückkehren, ist unsere Aura verschmutzt, obwohl wir einen energetischen Draht zu unseren Spezialisten haben, die permanent unseren Zustand überprüfen und das Energieniveau bewahren.

Am einfachsten ist es für uns, wenn wir physisch nicht für Euch in Erscheinung treten, denn dabei sinken wir in unserer Schwingung ab. Auf unseren Raumschiffen haben wir Regeneratoren, die unsere Energie in Sekundenschnelle wiederherstellen. Wenn wir in unserer arcturianischen Energiefrequenz sind, benötigen wir keine Energie von außen. Durch unseren Umhang reinigt sich unsere Aura von selbst. Erholung, um Energie zu tanken, benötigen wir also nicht.

Aber wir lieben es, zwischen unseren Aufgaben Zeiten auf unserem geliebten Planeten zu verbringen.

Wie kann ich mir Euren Planeten vorstellen?

Arcturus ist der vierthellste Stern von der Erde aus gesehen. Er hat einen fünfundzwanzig Mal höheren Durchmesser als die Sonne und strahlt etwa hundert Mal so hell. Er ist ungefähr vierzig

Lichtjahre von der Erde entfernt. Im späten Frühjahr und im Sommer ist er der erste Stern, den Ihr nach Sonnenuntergang sehen könnt. Ihr findet ihn, wenn ihr im Sternbild des Großen Wagens die Deichsel sucht und den Blick von dort aus etwas weiterführt.

Wir haben unseren Planeten individuell gestaltet. Jeder von uns hat seinen eigenen Bereich, den er durch Mentalkraft so erschaffen kann, wie es ihm gefällt. Einige haben Seen erschaffen, andere Berge oder eine Blumenwiese. Insekten zum Beispiel gibt es bei uns nicht, weil sie niemand erschaffen hat.

Wo sind denn Eure Raumschiffe?

Viele von uns verbringen fast ihr gesamtes Leben auf unseren Raumschiffen. Wir tun dies aus unserer Liebe heraus. Aus der Liebe und dem Wunsch, unsere Aufgabe zu erfüllen, anderen Planeten wie der Erde bei ihrem Aufstieg zu helfen.

Vor Eurem Mond befindet sich eine sehr große Raumstation. Sie hat etwa ein Viertel der Größe der Erde. Tausende von Stockwerken befinden sich darin. Die meisten Menschen können diese Station mit den Augen nicht sehen. Aber da sich die Schwingung der Erde in den nächsten Jahren verändern wird, wird es immer mehr Menschen möglich sein, diese Raumstation wahrzunehmen.

Auf dieser Raumstation befinden sich Bewohner verschiedener Planeten. Es sind dort insgesamt vier Städte angesiedelt, die sich unter einer Glaskuppel befinden. Eine Stadt ist ausschließlich von uns Arcturianern besiedelt. Es gibt dort sehr viele Heilkammern für Wesen anderer Planeten und Regenerationsplätze für uns Arcturianer.

Bin ich auch heute Nacht dort gewesen?

Nein. So weit bist Du nicht gekommen. Wir haben Dich mit einem sehr kleinen Schiff abgeholt. Wir haben uns mit Dir ausschließlich an Bord aufgehalten. Welche Erinnerung hast Du an unser Treffen?

Ich kann mich daran erinnern, dass ich mich vor einem Raumschiff befand und langsam die Eingangstreppe hinaufstieg. Neben mir ging ein Arcturianer, der liebevoll meine Hand hielt. Ich weiß noch, dass ich mit jeder neuen Treppenstufe immer mehr zu zittern anfing. Mein ganzer Körper bebte, und ich hatte panische Angst. Ich fühlte, dass der Arcturianer an meiner Hand mich sanft nach oben zog. Nicht bestimmend, aber richtungweisend. Ich spürte, dass ich umkehren konnte, aber ich bin trotz meiner sehr großen Angst mit hinaufgegangen, weil ich wusste, dass es richtig ist.

Als ich oben angekommen war, setzte ich mich auf eine Kiste, die links im Eingang stand. Ich war unendlich traurig und fing an zu weinen. Ich wusste auf einmal, warum ich so fühlte. Ich hatte die Erinnerung an Begegnungen auf anderen Raumschiffen mit Wesen, die uns Menschen nicht wohl gesonnen sind und die mit mir schlimme Untersuchungen gemacht hatten.

Dann kann ich mich nur noch daran erinnern, dass ich die Treppen wieder hinunterbegleitet wurde. Ich verspürte ein sehr großes Verlangen, bei Euch zu bleiben, aber ich wurde zurückgebracht. Ich stand mit meinen Beinen wieder auf der Erde und sah noch, wie Ihr mit Eurem kleinen

Raumschiff eine Art Schleife für mich geflogen seid. Darüber habe ich mich sehr gefreut.

Du kannst Dich sehr gut erinnern. Zwischen dem Auf-der-Kiste-Sitzen und dem Verlassen des Raumschiffs lagst Du auf einer Liege in unserer Eingangshalle, und zwölf von uns haben einen Kreis um Dich gebildet und Deine Aura und Deine DNS von den Erlebnissen auf den anderen Raumschiffen befreit. Gleichzeitig haben wir Dich immunisiert. Diese Wesen können keinen Kontakt mehr zu Dir aufbauen. Du stehst ab sofort unter kosmischem Schutz.

Was waren das für Wesen?

Du bist auf Raumschiffen von Zeta Reticuli gewesen, eines Doppelsternsystems in der Nachbarschaft des Orion. Aber nicht in dieser Inkarnation, sondern bereits zuvor. Die Erinnerung daran war jedoch in Deiner Aura, in Deiner DNS und Deiner Seele gespeichert.

Der Orion ist eine Planetenkonstellation, die man von der Erde aus am südlichen Winterhimmel beobachten kann. Sie befindet sich über fünfhundert Lichtjahre von der Erde entfernt.

Die Bewohner des Orion waren sehr einflussreich bei der Formung der gegenwärtigen menschlichen Wesen. Sie haben sich mit den Menschen vermischt.

Ihr besitzt einen Teil der Orion-DNS und habt Orion-Eigenschaften in Eurer gegenwärtigen physischen, emotionalen und mentalen Ebene.

Eigenschaften, die Ihr von den Orion-Bewohnern habt, sind zum Beispiel Aggressivität, Hass, Dominanz und Neid. Aber auch Euer Forschungsdrang und Eure Wissbegierde stammen aus diesem Anteil Eurer DNS.

Wir sind sehr daran interessiert, wie Ihr die Energie der Liebe, die sich auf der Erde nun immer stärker ausbreitet, mit den Orion-Einflüssen in Eurer DNS in Einklang bringt. Diese Entwicklung führt zu einem Quantensprung für die gesamte Galaxie. Durch die Schwingung der Liebe werden die bösartigen Eigenschaften überwunden, die positiven Eigenschaften bleiben erhalten. Das macht Euch zu einer sehr starken liebevollen galaktischen Rasse.

Ihr habt das Potenzial zu höchstem spirituellen Bewusstsein, und Eure Fähigkeit zu lieben ist sehr groß.

Derzeit befinden sich viele Wesen anderer Dimensionen auf der Erde, sie alle – wir inbegriffen – beobachten die Entwicklung des Aufstiegs. Der Dimensionswechsel der Erde ist aus kosmischer Sicht sehr wichtig, denn mit der Erde steigen 386 weitere Planeten auf, 380 beseelte und sechs unbeseelte.

Welche Wesen sind denn außer Euch noch auf der Erde?

Einige Wesenheiten haben sich in Euren Meeren und Ozeanen inkarniert. Eure Delfine und Wale zum Beispiel sind inkarnierte Plejadier. Die Plejaden sind eine kleine Sternengruppe, die etwa 450 Lichtjahre von der Erde entfernt liegt. Plejadier haben dieselbe Abstammung wie Ihr Menschen.

Sie haben sich im Meer inkarniert, weil die Energieübertragung im Wasser am höchsten ist. Sie sind dort, um Euch beim Aufstieg mit ihrer Energie zu helfen.

Die Plejadier und wir Arcturianer sind die beiden wichtigsten Unterstützer für den Energiewandel auf der Erde.

Heißt das, dass die Energie des Wassers zunimmt?

Ja. Die Wasser der Erde sind miteinander verbunden. Wenn sich die Energie in den Meeren und Ozeanen erhöht, erhöht sich auch die Energie der Wolken, des Regenwassers, Eurer Flüsse und somit Eures Trinkwassers und in Euch selbst. Dieses ist ein fortwährender Prozess, der allmählich stattfindet.

Und wer ist noch auf der Erde?

Auch andere Raumwesen kommen regelmäßig zu Zwecken der Beobachtung auf die Erde. Es sind Besucher aus den verschiedensten Galaxien. Sie sind aber in der Minderheit. Ihre Frequenz unterscheidet sich so stark von der irdischen, dass Ihr ihre Präsenz nicht wahrnehmen könnt.

Nicht alle kommen in freundlicher Absicht. Ihr Einfluss ist jedoch so gering, dass es ihnen gestattet wurde, die Erde zu besuchen. Es wird als Teil Eurer Entwicklung angesehen. Die Erde ist bereits stark genug, um kosmische Eindringlinge mit niederen Absichten zu kompensieren.

Wir haben für die Erde keinen Schutzwall errichtet. Dies wäre sehr leicht für uns, wir könnten damit verhindern, dass bösartige Außerirdische die Erde frequentieren. Doch ist es auch die Aufgabe eines aufsteigenden Planeten, seine Schwingung dermaßen zu erhöhen, dass solche Besucher keine Gefahr darstellen.

Obwohl wir keinen Schutzwall um die Erde errichtet haben, wird der Strom der Wesenheiten von und zu der Erde beobachtet und kontrolliert. Die Aufsicht über Euren gesamten Planeten führt Sananda.

Sananda kenne ich.

Was weißt Du über ihn?

Ich kenne ihn aus meiner Begegnung mit der Weißen Schwestern- und Bruderschaft. Sananda erscheint immer in weißem Licht. Seine bekannteste Inkarnation ist die von Jesus Christus.

Sananda ist Mitglied der Weißen Schwestern- und Bruderschaft. Er verfolgt das Ziel, das Denken der Menschen auf ein Ideal zu lenken, und ist uns in absoluter bedingungsloser Liebe zugetan. Sananda erwartet von seinen Schülern Disziplin in der Schule des Aufstiegs.

Die Schwingung von Sananda ist die der reinen Liebe. Er wacht mit Wohlwollen und Liebe über Eure Erde und beobachtet die Entwicklung auf Eurem Planeten sehr genau.

Heißt das, wir stehen unter Sanandas Schutz?

Ihr steht unter großem kosmischen Schutz. Dieses Wissen ist in der gesamten Galaxie verbreitet. So kommen zwar vereinzelt Wesenheiten mit bösen Absichten auf die Erde, doch wird keine Invasion durch sie erwartet. Mit der Energie der allumfassenden Liebe wäre Sananda überdies in der Lage, die Absichten der Eindringlinge zu vereiteln und deren Vorhaben zu verhindern. Damit würde er jedoch in die Entwicklung dieser Wesen eingreifen, was wünschenswerterweise zu verhindern ist. Das ist auch der Grund, warum es nur so wenigen Eindringlingen gestattet ist, die Erde aufzusuchen.

Es bereitet mir ein gutes Gefühl, dass Ihr da seid. Aber jetzt bin ich müde geworden. Gute Nacht, bis morgen.

Gute Nacht, Du Liebe, wir lieben Dich!

Ich war in der vergangenen Nacht wieder bei Euch. Ich kann mich gut daran erinnern.

Wir können uns auch sehr gut daran erinnern. Was weißt Du noch von Deinem Besuch?

Ich weiß, dass ich dieses Mal die Treppen zu Eurem Raumschiff sehr gerne hochgegangen bin. Als ich oben bei Euch ankam, habt Ihr mir die Kiste, auf der ich neulich so stark geweint habe, angeboten. Aber wir haben alle gelächelt, weil wir wussten, dass ich sie nun nicht mehr benötige.

Stattdessen stand ich in einem Kreis von ungefähr sieben oder acht von Euch. Ich habe mich sehr geliebt gefühlt und war gerührt.

Danach war ich in so einer Art Behandlungsraum, auf einer Liege. Was da passiert ist, weiß ich nicht mehr.

Ich wäre gerne noch bei Euch geblieben, aber Ihr habt mir ohne Worte klar gemacht, dass ich wieder zurück soll. Ich habe mich etwas abgeschoben gefühlt. Als Ihr dann jedoch zum Abschied wieder diese kleine Schleife mit Eurem Schiff geflogen seid, war ich versöhnt.

Was ist denn passiert, als ich auf der Liege war?

Meine Liebe, Du kannst Dich gut an unser Treffen erinnern. Die Liege steht in einem unserer Heilungsräume. Jede Nacht kommen Tausende von Euch auf unser Schiff und bekommen kosmische Licht- und Heilbehandlungen von uns. Viele können sich nicht an diese Besuche erinnern.

Als Du auf der Liege warst, haben wir Dein Bewusstsein verdunkelt. Dies war für den Prozess notwendig. Wir haben Deinen gesamten Seelenbestand gescannt. Sämtliche Leben, alle fremdgesetzten Implantate und Codes, Deine gesamte Aura sowie Deine DNS wurden registriert, um die bald folgenden Heilmethoden genau auf Deine Seele abstimmen zu können.

Mit Codes und Implantaten habe ich mich bereits beschäftigt. Ich bin mir nicht sicher, ob ich richtig verstanden habe, worum es sich dabei handelt. Soweit ich weiß, sind Codes dazu da, unseren Zugang zu vergangenen Leben zu kontrollieren, damit wir nicht von allzu schwierigen oder verwirrenden Erinnerungen überflutet werden. Es gibt auch Codes, die unseren bewussten Zugang zu anderen Ebenen blockieren. Stimmt das in etwa?

Du Liebe, die Codes wurden Euch von denjenigen eingesetzt, die Eure Erde kontrollieren wollten und den Untergang der menschlichen Rasse zum Ziel hatten. Ihr habt diese Codes über viele Inkarnationen hinweg angesammelt. Jeden einzelnen Code nehmt Ihr in jedes Eurer Leben mit. Nun ist die Zeit gekommen, da diese Codes geöffnet und transformiert werden können.

Jeder Code ist in Eurem Geist platziert. Im unbewussten Bereich Eures Geistes. Codes kontrollieren Eure Verhaltensweisen und hindern Euch daran, Verständnis für multidimensionale Lebensformen zu entwickeln. Sie blockieren Eure spirituelle Erfahrung und hindern Euch daran, in Eure schöpferische Kraft zu kommen.

Diese Codes sind so programmiert, dass die Menschen sie ignorieren. Das bedeutet, dass sie über Tausende von Jahren nicht geöffnet oder transformiert wurden.

Wenn sie entriegelt sind, könnt Ihr in höhere dimensionale Bereiche gelangen. Die Öffnung der Codes muss in Eurem Unterbewusstsein stattfinden.

Ach so, deshalb könnt Ihr auch am besten mit uns arbeiten, wenn wir im Tiefschlaf sind. Übrigens habe ich zu Implantaten meine eigene Erfahrung gemacht, bevor ich Euch kannte.

Du kanntest uns bereits vor Deiner Geburt. Jede als Mensch inkarnierte Seele entscheidet sich vor ihrer Geburt, ob sie im folgenden Leben bewusst mit uns in Kontakt treten möchte.

Oh. – Aber noch einmal zu den Implantaten. Was ich bisher weiß, ist Folgendes: Implantate wirken so, dass sie uns von unserer Zentriertheit fernhalten, ständig kreisen unsere Gedanken, und das verhindert unsere innere Klarheit und Ruhe. Das vernebelt unser Unterscheidungsvermögen für richtig oder falsch; Lebensfreude und Humor werden stark eingeschränkt.

Implantate werden innerhalb des dualen Universums von Außerirdischen meist manipulativ eingesetzt. Sie sollen Euer Erwachen erschweren. Sie senden ein Chaos-Signal aus, das vor allem negative Auswirkungen auf den Emotionalkörper hat. Wenn Eure

Emotionen durcheinander sind, entsteht eine Unsicherheit in Euren Gedanken.

Um Zugang zu Eurem natürlichen erhöhten Bewusstsein zu erlangen, ist es notwendig, alle negativen Implantate zu entfernen.

Wenn Ihr mit Eurem Ätherkörper auf unseren Schiffen seid, werden wir nach und nach diese Implantate herausziehen.

Gilt das auch für diejenigen von uns, die nicht wissen, dass sie nachts bei Euch auf den Schiffen sind?

Das gilt für alle Seelen, die mit uns in Berührung kommen. Jede Seele, die diesen Text liest, steht mit uns in Verbindung, und bei jeder Seele entfernen wir während Eurer Tiefschlafphase die Implantate. Diejenigen von Euch, die das nicht wollen, teilen uns dies über ihre Seele mit. Es gibt Seelen, die noch länger in der Negativität und Dualität der Erde verhaftet bleiben möchten, um ihre Erfahrungen zu intensivieren.

Ich wollte noch erzählen, welche Erfahrung ich schon vorher mit Implantaten gemacht habe. Oder wisst Ihr das bereits?

Wir wissen es. Aber erzähle es uns. Wie hast Du die Situation erlebt?

Ich hatte etwas über das Hansen-College gelesen. Das Hansen-College ist eine Ausbildungsstätte, die darauf spezialisiert ist, Implantate und Anbindungen an niedere Energien bewusst zu machen und zu entfernen beziehungsweise zu beenden. Wir können dieses College in Astralreisen,

Träumen oder auch bewusst konsultieren, indem wir ganz gezielt um Hilfe bitten und unseren Kanal öffnen. Der Leiter des College heißt Meister Gentl.

Letzten Sommer habe ich vor dem Einschlafen Kontakt zum Hansen-College aufgenommen. Meister Gentl war sofort zur Stelle. Ich gebe mal den Dialog wieder, ich hatte ihn direkt danach aufgeschrieben:

Ich: *Hallo.*

Gentl: *Wir haben Dich schon erwartet.*

Ich: *Habe ich noch Implantate?*

Gentl: *Ja.*

Ich: *Wie viele?*

Gentl: *So drei bis zehn und dann noch 54 Splitter und 108 Kleinstteilchen.*

Ich: *Ach du Sch... Muss ich mich um alle einzeln kümmern?*

Gentl: *Nein, sie gehen nach und nach in Deinen Tiefschlafphasen weg.*

Ich: *Ist ein Implantat besonders wichtig, so dass es schnellstens entfernt werden sollte?*

Gentl: *Ja.*

Ich: *Welches?*

Gentl: *Du hast einen Stein auf der Liebe liegen.*

In diesem Moment sah ich einen faustgroßen Stein.

Ich: *Oh. Kannst Du ihn wegnehmen?*

Gentl: *Ja.*

Ich: *Was passiert dann mit dem Stein?*

Gentl: *Er gleitet runter in einen Fluss.*

Ich: *Okay, machen wir es.*

Der Stein wurde aus der Kuhle gehoben. Er befand sich seltsamerweise nicht im Herz, sondern im Gehirn. Ich sah böse Wesen, die um den Stein herumschwebten. Gentl beruhigte mich und sagte, dass sie mit dem Stein in den Fluss gleiten werden und nicht mehr zu mir hinaufkönnen. So geschah es auch wenig später.

Ich: *Was passiert mit der Kuhle, in der der Stein lag?*

Gentl: *Da kann nun die Liebe wachsen.*

In der Nacht träumte ich von unendlicher Liebe. Ich fühlte sie, wusste aber nach dem Aufwachen nicht mehr, wem diese Liebe galt oder was sonst noch in dem Traum geschah. Ich habe leider alles vergessen.

Du Liebe, Meister Gentl und das Hansen-College sind spezialisiert auf das Entfernen von Implantaten und Codes. Sie dürfen dies jedoch nur tun, wenn eine Seele in ihrem Wachbewusstsein darum bittet. Wir stehen in freundschaftlichem Verhältnis zu Meister Gentl.

Wusste Meister Gentl bereits, dass Ihr es sein werdet, die meine Implantate in den Tiefschlafphasen entfernt?

Jede Seele, die bereit ist, ihre Implantate und Codes zu transformieren, ist auf einer energetischen Liste registriert. Alle Wesenheiten, die diese Implantate und Codes gesetzt haben, sowie alle Helfer, die dazu beitragen werden, sie wieder zu entfernen, haben Zugriff auf diese Liste.

Jeder Einzelne von Euch trägt ein Zeichen in seiner Aura, das besagt, welche Codes wann entfernt werden dürfen. Die Seele entscheidet, wie sie die Codes entfernt haben möchte. Einige möchten es selbst machen, indem sie ihrem Unterbewusstsein den Befehl erteilen, andere nutzen unsere Hilfe, die Hilfe von Meister

Gentl oder die Unterstützung von Erzengel Raphael. Auch das ist an dem Zeichen zu erkennen.

Meister Gentl hat in Deiner Aura das Zeichen gesehen, dass Deine Seele sich für ein Entfernen durch uns entschieden hat.

Ihr habt über unseren Emotionalkörper und unseren Ätherkörper gesprochen. Ich weiß nicht so genau, wie man diese unterscheidet.

Der Ätherkörper ist am engsten mit Eurem physischen Körper verbunden und reicht etwa fünf Zentimeter über diesen hinaus. Er integriert Euren physischen Körper in die Energiekörper der Erde und des Sonnensystems. Er besteht aus unzähligen bläulich schimmernden Lichtfäden. Diese ätherische Substanz spiegelt Eure Lebenskraft wider.

Der Emotionalkörper hat die zweitdichteste Schwingung der feinstofflichen Körper. Er durchdringt den physischen Leib und den Ätherkörper. Sein Feld ragt etwa dreißig Zentimeter über den physischen Körper hinaus. In ihm sammeln sich Eure unerlösten Gefühle sämtlicher Inkarnationen an. Diese Ansammlung bewirkt, dass Ihr immer wieder dieselben negativen Erfahrungen macht. In unseren Heilungskammern reinigen wir Eure Emotionalkörper. Ihr habt auch viele irdische Wege gefunden, um Euch von diesen Mustern zu befreien. In unseren Kammern geschieht das Entfernen dieser Strukturen in für Euch unbewusster und beschleunigter Form. Wir helfen Euch Menschen, den Prozess schneller zu durchlaufen. Dies ist notwendig, damit Ihr den Aufstieg stabil durchlaufen könnt.

Euer Mentalkörper durchdringt den Emotionalkörper und den Ätherkörper und reicht etwa eine Armlänge über den physischen

Körper hinaus. Eure Gedanken zeigen sich hier in Form von geometrischen Hologrammen. Häufig sitzen hier einige Implantate, die Eure Gedanken lenken und manipulieren. Auch diese werden in unseren Heilungskammern entfernt.

Euer Astralkörper kann als das höhere emotionale Feld betrachtet werden. Gefühle wie Liebe und Hingabe sind hier platziert. Er ist bis zu anderthalb Metern über den physischen Körper hinaus wahrnehmbar. Auch hier sind Erfahrungen aus früheren Leben und entsprechende emotionale Blockaden verankert. Wenn Blockaden und Implantate in diesem Körper entfernt werden, kommt Ihr in die Grundschwingung der Liebe. Dies ist notwendig für Eure weitere Entwicklung auf der Erde.

Der Kausalkörper reicht etwa viereinhalb Meter über Euren physischen Körper hinaus. Je klarer die »unteren« Körper sind, desto strahlender ist der Kausalkörper. In ihm drücken sich die vollendeten Gefühlseigenschaften aus. Wenn alle Körper auf jeder Stufe gereinigt sind, verströmt der Kausalkörper bedingungslose Liebe.

Euer spiritueller Körper durchdringt alle anderen Körper. Auf dieser Ebene habt Ihr Zugang zu Eurem archetypischen Wissen. Der spirituelle Körper reicht etwa acht Meter über den physischen Körper hinaus. Er kann als äußere Grenze der Aura betrachtet werden. Wenn Ihr in Eurer Wirbelsäule die Kundalini-Energie spürt, seid Ihr mit Eurem spirituellen Körper verbunden und habt Zugang zur Akasha-Ebene, dem universellen Wissen.

In diesem Körper sind Implantate verankert, die wir nicht entfernen. Es ist ein Teil des Plans, dass Ihr zu diesem Zeitpunkt Eurer Entwicklung noch keinen permanenten Zugang zu dieser Ebene habt. Ihr würdet Eure irdische Entwicklung nicht weiterverfolgen, sondern in anderen Ebenen forschen. Es ist jedoch wichtig für Euch, dass Ihr Eure Entwicklung hier vollständig beendet. Diese Erfahrung dient als Basis für alle weiteren Ebenen.

Du meine Güte, da steht uns ja noch einiges bevor. Das heißt, Euch steht noch etwas bevor. Ihr macht ja die ganze Arbeit.

Es ist uns eine große Freude, Euch von Euren Blockaden und Implantaten und Codes zu befreien. Wir erfreuen uns daran, wenn wir erleben, wie Ihr immer lebendiger werdet und stärker in Eure Kraft und Euer Vertrauen kommt. Wir lieben Euch.

Oh. Danke.

Hallo, meine Freunde!

Ich kann mich schon wieder an einen nächtlichen Besuch auf Eurem Raumschiff erinnern. Soll ich mal berichten?

Hallo, Du Liebe. Wir haben Dich bereits erwartet. Wir wissen, dass Du teilweise mit Deinem Wachbewusstsein bei uns warst. Dann berichte mal, an was Du Dich erinnern kannst.

Okay, also: Ich kann mich daran erinnern, dass ich auf einer Liege in einem Eurer Heilungsräume lag. Ich spürte an meinen Füßen eine Art Sog, so wie von einem Staubsauger. Ich konnte aber kein Gerät sehen.

Es hat sich so angefühlt, als ob dieser Staubsauger alten Dreck aus meinem Körper gezogen hat. Danach spürte ich, dass mein Körper mit einer Art Lasur überzogen wurde, so als würde er versiegelt oder geschützt. An mehr kann ich mich nicht erinnern.

Du kannst Dich gut erinnern. Das, was Du als Staubsauger wahrgenommen hast, kannst Du Dir als energetischen Magnet für kosmische Verunreinigungen vorstellen. Wir haben gespeicherte

Energiemuster in Deinem Ätherkörper entfernt. Dort waren noch viele bereits gelöste Muster aus unzähligen Inkarnationen als Struktur vorhanden. Sie erfüllen dort keinen Zweck mehr, blockieren jedoch durch ihre bloße Anwesenheit die Ausbreitung der Lebensenergie. Wir haben diese Ansammlungen entfernt. Nun kann Deine Energie freier fließen.

O wie schön.

Was Du als Versiegelung wahrgenommen hast, war das Überstreichen Deines Körpers mit kosmischer Energie. Es ist ein Geschenk von uns, welches hilft, dass Deine Energie die bislang blockierten Stellen schnell auffüllen kann und Du in Deine Lebendigkeit kommst.

Danke! – Wieso seid Ihr so nett zu uns? Habt Ihr auch etwas davon, wenn Ihr uns helft und beschenkt?

Du Liebe, Ihr beschenkt uns damit, dass Ihr um unsere Hilfe bittet. Wir können uns selbst nur weiterentwickeln, wenn wir anderen Wesen auf anderen Planeten bei ihrem Aufstieg helfen. Wir lieben und ehren Euch sehr. Wir empfinden tiefe Dankbarkeit für Euch und dafür, dass wir Euch helfen dürfen.

Wir befinden uns zurzeit in der neunten Dimension. Das ist die Ebene des kollektiven Bewusstseins von Planeten, Sternensystemen, Galaxien und Dimensionen. Wir wissen, dass die Entwicklung auf allen tieferen Dimensionen stattfinden muss, damit auch die Entwicklung in den höheren Ebenen stattfinden kann. So gesehen handeln wir aus einem ureigenen Interesse. Unsere Motivation ist jedoch die Liebe zu Euch Menschen.

Könnt Ihr mir noch etwas über die anderen Dimensionen verraten? Vielleicht so ab der sechsten Dimension?

In der sechsten Dimension seid Ihr vorrangig körperlos. Ihr seid dann so etwas wie ein lebender Gedanke. Ihr erschafft dort durch Euer reines Bewusstsein. Während Eures Schlafes seid Ihr oft auf dieser Ebene. Ihr könnt während Eurer Träume mit Wesen in Kontakt treten, die sich vorwiegend auf dieser Ebene aufhalten. Es existieren dort gute und böse Wesen. Ihnen ist gemeinsam, dass sie durch Bewusstsein erschaffen, aber ihre Schwingung ist nicht immer die der Liebe. Die sechste Dimension ist die Übergangsebene zur siebten Ebene.

Die siebte Dimension entspricht der reinen Schaffenskraft. Auch hier halten sich Wesen mit unterschiedlichen Schwingungen auf. Geist schafft die Illusion der Trennung in den ersten sieben Dimensionen, auf den höheren Frequenzen werden Unterscheidungen vollkommen bedeutungslos und alles ist Geist.

Die achte Dimension ist die Ebene der Gruppenseele. Auf dieser Ebene könnt Ihr Euch nicht länger als ein »Ich« empfinden. Ihr werdet zu einem reinen »Wir« und arbeitet an Gruppenzielen. Egoismus und Individualität sind dann komplett verschwunden. Die achte Dimension ist die Übergangsebene zur neunten Ebene.

Wir haben Dir schon mitgeteilt, dass die neunte Ebene, in der wir uns befinden, die Ebene des kollektiven Bewusstseins von Planeten, Sternensystemen, Galaxien und Dimensionen ist. Wir können uns nicht mehr als »Ich« oder »Du« empfinden. Wir sind verbunden mit dem Bewusstsein der Galaxien, dem Bewusstsein jeder Lebensform, jedes Planeten und jedes Sterns.

Seid Ihr auch mit meinem Bewusstsein verbunden?

Wir sind mit dem Bewusstsein jeder Lebensform in allen Sonnensystemen verbunden. Dass wir verbunden sind, bedeutet nicht, dass wir eins damit sind. Wir haben Zugang zu dem jeweiligen Bewusstsein. Wir haben Zugang zu Deinem Bewusstsein, das heißt, wir wissen, wie weit Dein Bewusstsein entwickelt ist. Wir wissen, welche Gedanken und Empfindungen für Dich möglich sind. Das ist die Voraussetzung dafür, dass wir Euch bei Eurem Übergang in die fünfte Dimension helfen können.

Wie geht es nach der neunten Dimension weiter? Was erwartet uns in der elften Dimension?

Du Liebe, unser Wissen über die elfte Dimension ist vergleichbar mit Eurem Wissen über die fünfte Dimension. Wir wissen in etwa, was uns dort erwartet, aber wir haben es noch nicht erlebt.

Aus der Theorie wissen wir: Die zehnte Dimension ist die Quelle der Schöpfungspläne für die unteren Dimensionen. Hier wird also auch festgelegt, nach welchem Plan das Erschaffen auf Eurer Dimension stattfindet. Sie ist der Übergang von der neunten in die elfte Dimension.

In der elften Dimension befinden sich derzeit die Erzengel und die Akasha-Chroniken für die Planeten und Galaxien. Wie Du weißt, ist Eure Akasha-Chronik kein Buch im eigentlichen Sinne, jedoch ist in ihr alles gespeichert, was jemals in der Welt geschah. Es sind also auch Eure sämtlichen früheren Leben dort abgespeichert. Die Akasha-Chroniken der elften Dimension enthalten alle Informationen über die Entstehung sämtlicher Galaxien.

In der zwölften Dimension ist das Erleben vollkommen eins mit der Schöpferkraft. Das Bewusstsein auf dieser Ebene erfährt die vollkommene Einheit mit allem, was ist. Es ist die Ebene, auf der das Bewusstsein als Christuswesen ohne jede Trennung existiert.

Dieses Alleinheits-Bewusstsein hat sich im Laufe der Erdgeschichte mehrmals direkt in menschlicher Form manifestiert. Du kennst diese Wesen als Buddha, Jesus, Krishna, Lao-tse, Kiawatha und Quetzalcoatl. Sie sind direkte Projektionen der vollkommenen Einheit und erschienen zu verschiedenen Zeiten an verschiedenen Orten, um die Menschen an ihre Einheit zu erinnern und so den Lauf der Entwicklung auf der Erde zu beschleunigen.

Okay, das reicht. Weiter als bis zur völligen Einheit will ich es mir gar nicht vorstellen. Es ist ohnehin schon schwierig, sich vorzustellen, dass man nicht mehr als »Ich« existiert. Da bin ich mit meinem Wunsch, einen Mini zu fahren, wohl weit von einem Kollektivbewusstsein oder einer Gruppenseele entfernt.

Es ist wichtig und es entspricht dem Plan, dass Ihr als Individuen in eure Schöpferkraft kommt. So wie jede einzelne Zelle Eures Körpers ein strukturell eigenständiges, abgrenzbares System darstellt und verschiedene Funktionen übernimmt, so empfindet sich auch jeder Einzelne von Euch als einzelnes System einer Gruppe. Das ist Teil des Plans. Mach Dir keine Sorgen, wenn Du Dich noch nicht als Gruppenseele empfinden kannst. Das ist noch gar nicht vorgesehen.

Das beruhigt mich. Danke. Was ist denn vorgesehen? Wo sollten wir uns noch weiterentwickeln, um den Aufstieg zu unterstützen?

Es läuft alles gut mit Eurem Aufstieg. Ihr Menschen werdet Euch Eurer Schöpferkraft immer mehr bewusst, das ist die Voraussetzung. Von außen erhaltet Ihr kosmische Hilfen. Eure Erde wird von uns in eine andere Schwingung versetzt.

Wie macht Ihr das?

Wir wenden verschiedene Methoden an. Eine davon ist auch für Euch Menschen sichtbar. Ihr nennt die Symbole, die wir dafür verwenden, Kornkreise.

Wir Arcturianer sind die Verwalter der holografischen Kammern in diesem Universum. Dort sind dreidimensionale Abbilder von Symbolen gespeichert. Wir setzen die Kornkreise als holografische Projektionen an Schlüsselpunkten im Energiefeld der Erde ein, um die Bewusstseinsentwicklung zu beschleunigen und Euren Planeten bei der notwendigen Umgestaltung für die Zeitenwende zu unterstützen.

Jeder Kornkreis enthält eine bestimmte Formel für den Aufstieg. Einige Kornkreise enthalten das codierte ursprüngliche Muster Eurer DNS, ein Muster reiner Liebe.

Stellt Euch vor, dass jeder Kornkreis eine Art Säule aus Licht hervorbringt. Diese Lichtsäulen sind dimensionsübergreifend. Die Kornkreise sind Eure Tore zu anderen Dimensionen.

Was bedeutet es, dass die Kornkreise Tore zu anderen Dimensionen sind? Ich verstehe das nicht ganz.

Durch seine spezielle holografische Geometrie zieht jeder Kornkreis die Energie höherer Dimensionen auf die Erde. Durch die Energiesäulen, die in jedem Kornkreis entstehen, strömt aus höheren

Dimensionen Energie in die Erde. Die Kornkreise sind eine Öffnung nach unten in die Erde und eine Öffnung nach oben in die Welt der Dimensionen.

Wenn ich die Muster der Kornkreise kopieren würde, könnte ich dann auch in meinem Garten so eine Lichtsäule erschaffen?

Die Kornkreise, die von uns gesetzt werden, enthalten spezielle holografische Codes. Euch steht keine Technik zur Verfügung, die Kornkreise so zu kopieren, dass Energie höherer Dimensionen in die Erde strömt.

Ihr habt eben über unsere Ursprungs-DNS gesprochen. Was hat es damit auf sich?

Die Desoxyribonukleinsäure, also Eure DNS, ist ein in allen Lebewesen vorkommendes Biomolekül und die Trägerin der Erbinformation. Zurzeit habt Ihr DNS-Stränge, die entfaltet etwa zwei Meter lang sind. Auf nur zehn Prozent der Gesamtlänge sind Eure genetischen Erbinformationen kodiert.

Neunzig Prozent des DNS-Stranges werden von Euren Wissenschaftlern als intronisch, als nicht kodiert betrachtet und als »Junk-DNS« bezeichnet, was so viel bedeutet wie »DNS ohne Wert«. Anders ausgedrückt: Eure Wissenschaftler behaupten, dass neunzig Prozent der DNS in Eurem Körper sinnlos sind.

Ein menschlicher Körper hat, je nach Körpergewicht, zwischen zehn und hundert Billionen Zellen. In jeder Zelle befinden sich zwei solcher Stränge à zwei Meter Länge. Ein Durchschnittsmensch mit rund fünfzig Billionen Zellen hat also

200.000.000.000 Meter oder 200.000.000 Kilometer solcher Fäden in seinem Körper. Das entspricht einer Strecke, die fünftausend Mal um den Äquator führt. Glaubst Du, dass neunzig Prozent davon, also 180.000.000 Kilometer DNS-Stränge, keinerlei Funktion haben?

Also, wenn Ihr das so beschreibt, glaube ich es auf gar keinen Fall.

In diesem intronischen, also nicht kodierten Teil, befinden sich fraktale Geometrien. Auch diese Geometrien sind holografisch und werden von uns überwacht. Durch diese Geometrien kann die Seele ihre karmische Last, ihre Erinnerungen, die sich in den Zellen einprägen, weitergeben. Das heißt, diese neunzig Prozent »Junk-DNS« haben die Funktion, Erinnerungen, die Ihr aus anderen und diesem Leben habt, in geometrischer Form zu speichern.

Erinnerungen aus der Vielzahl Eurer Leben, die in der DNS gespeichert sind, ziehen Ereignisse und Situationen in Euer aktuelles Leben. Diese unbewussten Erinnerungen in Euch erschaffen einen Teil Eurer Situation. Die Ereignisse in Eurem Leben kommen also nie von außen, sie kommen immer aus Eurem Inneren und sind durch Ausstrahlungen, die geometrische Formen bilden, fabriziert, die jede Situation eines Individuums, seine finanzielle Lage oder anderes, nähren.

Ihr habt geistige Methoden gefunden, einen Teil dieser Geometrien aufzulösen und zu transformieren. In unseren Heilungskammern beschleunigen wir diesen Prozess. Wenn Eure DNS gereinigt ist, könnt Ihr keine belastenden Umstände mehr kreieren, weil die geometrischen Hologramme Eurer DNS umgewandelt sind.

Ich habe einmal gelesen, dass wir Menschen ursprünglich zwölf DNS-Stränge hatten. Stimmt das?

Wenn Ihr Eure DNS gesäubert habt, das heißt, wenn Ihr den Teil, den Eure Wissenschaftler als unnütz beschreiben, von alten, nicht mehr benötigten Geometrien befreit habt, werden sich Eure bislang zwei DNS-Stränge multiplizieren. Dies geschieht als ein Teil der Umwandlung in der fünften Dimension. Neue DNS-Stränge sind erforderlich, wenn Ihr neue Erfahrungen in neuen Dimensionen macht. In der Dimension, in der Ihr Euch zurzeit noch befindet, habt Ihr stets zwei DNS-Stränge gehabt. Sie charakterisieren Wesen, die in der Dualität verankert sind.

Wozu ist die Dualität eigentlich gut? So richtig Spaß macht das ja nicht. Ich meine, wir leben ja in ziemlichem Unfrieden mit anderen und den Umständen und oft auch mit uns selbst.

In dem alten System der Dualität, das noch für die Mehrzahl der Menschen auf Erden existiert, geschieht die Umwandlung nur durch wiederholtes Leid. Wenn Ihr mit Erinnerungen an Gewalt auf diese Welt kommt, werdet Ihr auch in diesem Leben mit Gewalt konfrontiert sein. Im Büro, vom Lebensgefährten, von der Nachbarin oder jemand anderem, der Euch vielleicht vor Gericht zieht, durch Beschimpfungen oder durch Schläge.

Wenn Ihr weniger entwickelt seid, werdet Ihr die Gewalt weiterleben und Straftäter werden. Seid Ihr jedoch etwas mehr entwickelt, werdet Ihr einen Verein gegen Gewalt gründen und die Gewaltlosigkeit propagieren, wie Gandhi oder John Lennon es getan haben. Dann reagieren die Erinnerungen, so dass Ihr Mörder anzieht. Das ist ein Gesetz in der Dualität, wenn Ihr GEGEN *etwas seid, erschafft Ihr es gleichzeitig. Dieses Erkennen ist wichtig für die Gesamtentwicklung der Seele.*

Seid Ihr noch höher entwickelt, versteht Ihr, was passiert, und fangt an, zu akzeptieren und zu verzeihen. Ihr verzeiht jenen, die Euch geschlagen haben. Ihr wisst, dass Ihr diese Schläge mit Euren Erinnerungen angezogen habt und dass Ihr sie nun umwandeln und auflösen könnt.

Auf dieser Stufe gibt es auch keine Schuldigen und keine Opfer mehr. Wenn Ihr kein Muster an Gewalt mehr habt, kann Euch niemand schlagen. Es ist einfach nicht möglich.

So macht Ihr einen Schritt in die Liebe, denn indem Ihr nicht mehr in der Beurteilung seid, wisst Ihr, dass das, was Ihr an Schmerz ertragen habt, notwendig für Eure Entwicklung war.

Habt Ihr noch ein Beispiel?

Der späte Groll gegen die eigenen Eltern ist in Eurer Kultur sehr verbreitet.

Oh, das war bei mir auch der Fall. Aber ich habe das jetzt nicht mehr, ich glaube, ich habe schon ein wenig Bewusstseinsarbeit geleistet.

Es ist Eure Aufgabe, zu erkennen, dass Eure Eltern Euch diese Themen vorgelebt haben, weil Ihr eine Resonanz dazu aufweist. Ihr zieht sie mit Euren Erinnerungen, die in Eurer DNS gespeichert sind, an. Die Eltern habt Ihr Euch vor Eurer Geburt ausgesucht, um genau diese Erfahrungen zu machen. Auch Eure Freunde und Partner können Euch nur die Erfahrungen geben, die Ihr anzieht.

Und dieses in vielen Inkarnationen wiederholte Leid führt dazu, dass sich Eure Erinnerungen in der Zelle umwandeln. Ihr glaubt, dass Ihr immer in demselben Kreislauf hängen bleibt. Tatsache ist, dass Ihr Euch nicht in einem Kreislauf, sondern auf einer Spirale befindet. Ihr müsst immer wieder dasselbe tun und erleben, allerdings ständig eine Spiralwindung höher. Wenn Ihr Euch das bewusst macht, ist Euer Leid meist schon verringert.

Haben wir außer Eurer Arbeit an der DNS und unserer Bewusstwerdung noch eine andere Möglichkeit, diesen Prozess zu beschleunigen?

In früheren Einweihungssystemen haben die Menschen sich gegeißelt, sie fasteten, beteten wochenlang oder enthielten sich der körperlichen Liebe. Sie taten alles, um zu leiden, damit sie so viele Erinnerungen wie möglich umwandeln konnten.

Kann man denn durch Leid Erinnerungen und Muster transformieren?

Alle Menschen, die sich nicht auf dem Pfad der Erkenntnis befinden, transformieren in einem langsamen Prozess ihre Genetik. Durch Bewusstwerdung könnt Ihr Euch das Leid ersparen oder es verringern.

Es ist gut, wenn Ihr durch das Bewusstwerden Eure Muster versteht. Ihr habt jedoch auch Muster in Euch, die einige zehntausend Jahre alt sind. Auch diese Muster beeinflussen Euer Leben. Es ist nicht notwendig, dass Ihr diese Muster alle versteht. Eine gründliche Seele darf auch hier den Weg der Erkenntnis gehen. Da diese Muster so alt sind, betrifft es Verhaltensweisen von Euch, für die Ihr nur schwer eine Ursache finden könnt. Diese Muster werden von uns als Erstes in den Heilungskammern transformiert.

Wie macht Ihr das denn, wenn Ihr unsere DNS reinigt? Wir haben ja in jeder Zelle eine DNS, macht Ihr in jeder Zelle etwas?

Während Eures Tiefschlafes, wenn Ihr mit Eurem feinstofflichen Körper in unseren Heilungskammern seid, holt Eure Seele die Erinnerungen, die sie umwandeln möchte, aus den Archiven hervor. Weder Euer Bewusstsein noch wir entscheiden, was zu tun ist. Die Seele allein entscheidet. Sie entscheidet, was und wie viel der Erinnerungen zur Umwandlung freigegeben wird.

In diesem Moment setzt sich ein ätherischer Kristall zwischen dem siebten Chakra und dem hinteren Kopfteil ab. Bei der Heilbehandlung werden diese Erinnerungen in Form von Bändern, Seilen, Steinen oder Drähten projiziert. Die Erinnerungen verdichten sich im Umwandlungsraum. Sobald wir eine dichte Masse spüren, schieben wir einen Transformator in sie hinein, und er fängt an, diese zu verbrennen, also sie umzuwandeln, sie in Licht umzuwandeln. Die Transformatoren reinigen nicht, sie wandeln um. Fünfzehn bis zwanzig Stunden nach der Heilbehandlung werden sich die Fraktale auf der DNS umwandeln.

Oh, das geht aber schnell. Heißt das, wenn ein Thema nachts dekodiert wird, dass ich dann schon am nächsten Abend frei davon bin?

Die Heilbehandlungen sind so gewählt, dass niemand auf einen Schlag sämtliche Muster verliert. Das würde dazu führen, dass man Euch in eine Psychiatrie einweisen müsste, Ihr wäret so durcheinander, dass Ihr damit nicht zurechtkommen könntet. Die Veränderungen sind schon nach nur einer Heilbehandlung sehr stark spürbar. Aber würden alle Erinnerungen zeitgleich dekodiert, würdet Ihr Euer menschliches System überlasten.

Habt Ihr ein Beispiel für eine solche Transformation?

Wenn jemand seine Erinnerungen an einen Diebstahl dekodiert, den man an ihm begangen hat, erlebt er dieses Muster jedes Mal eine Spirale höher. Es traumatisiert ihn immer weniger. Vielleicht wird ihm beim nächsten Mal nur noch ein Stift geklaut. Wenn die Person auch dieses wieder dekodiert, wird ihre Erinnerung an Diebstahl bald vollständig dekodiert sein.

So könnt Ihr Euch auch die Arbeit in unseren Heilungskammern vorstellen. Wir transformieren schichtweise.

Je mehr Erinnerungen Ihr transformiert, desto weniger müsst Ihr Euer Leben im Außen korrigieren.

Dann bin ich mal gespannt, ob ich bald Veränderungen wahrnehme. Wenn Ihr unsere DNS reinigt und wir keine alten Umstände mehr in unser Leben ziehen können, greift Ihr dann nicht in unser Karma ein?

Deine Frage ist berechtigt. Der Auswirkung von Karma liegt das Gesetz von Ursache und Wirkung zugrunde. Ein Wesen muss erleben und ernten, was es gesät oder erschaffen hat. Diesem Gesetz wohnt kosmische Liebe inne, denn eine Person, die nie die Erfahrung von Ursache und Wirkung gemacht hat, kann nicht wissend werden.

Die Erde befindet sich jedoch in einem Zustand der »Dringlichkeit«. Es ist unbedingt erforderlich, dass eine Gruppe von Menschen auf Erden als Kern dient, dessen Matrizennetz deprogrammiert ist, damit ein Lichtdurchbruch geschaffen werden kann, der die Erde mit der Energie der fünften Dimension durchflutet.

Wenn eine Seele ihre Inkarnation vorbereitet, macht sie sich eine Liste von dem, was sie heilen will, und wird sich automatisch eine Genetik in einer sozialen, religiösen, finanziellen und dergleichen Situation aussuchen, die den Erinnerungen ermöglicht, eine Resonanz zu finden, um dann Situationen anzuziehen, die in die Erinnerungen einschlagen, damit die Person leidet, was wiederum die Umwandlung ihrer Erinnerungen ermöglicht.

Nehmen wir ein Beispiel: Stellen wir uns eine Seele vor, die viel Gewalt in sich trägt und sich in diesem Leben davon trennen möchte, denn sie erträgt die in ihr wohnende Gewalt nicht mehr. Sie kann sie jedoch nicht zwischen zwei Leben ausmerzen, denn das Werkzeug DNS ist nicht vorhanden. Der notwendige physische Körper für die Umwandlung ist nicht gegeben. Dann wird sich diese Seele automatisch eine Familie aussuchen, in der es Gewalt gibt. Vielleicht wird diese Seele als Kleinkind geschlagen, oder, weniger gravierend, sie wird erleben, wie der Vater die Mutter schlägt oder umgekehrt.

Diese Seele, die sich diese gewalttätige Genetik ausgesucht hat, muss wahrhaft ganze Arbeit leisten, um sich davon zu heilen. In früheren Zeiten brauchte sie vielleicht fünfzehn Leben der Gewalt, um eine Besserung zu erreichen.

Auf der Erde haben nun einige Seelen, die das Prinzip von Ursache und Wirkung verstanden haben, die einmalige Gelegenheit, diesen Prozess abzukürzen. Dieses Angebot gibt es nur für Seelen, die ausreichende Erfahrungen und Erkenntnisse gesammelt haben. Ihr könnt es vergleichen mit einer vorgezogenen Abiturprüfung für Schüler, die bereits alle Klausuren geschrieben haben.

Ach so, dann ist es ja nicht so schlimm.

Wichtig bei der Transformation Eurer DNS ist, dass sie sich auf das menschliche Gitternetz auswirkt. Indem Eure existierenden Erinnerungen transformiert werden, kommt Ihr in Resonanz mit den morphogenetischen Feldern und Gitternetzen, mit eben dem Gitter, das mit allen anderen menschlichen Wesen in Resonanz steht. Das bedeutet, dass Ihr, wenn Ihr auf Zellebene transformiert, für die gesamte Menschheit transformiert.

Transformiert Ihr also Eure unbewussten Erinnerungen an Armut, Schmerz, Mord und Vergewaltigung, die als geographisches Hologramm in Eurer DNS gespeichert sind, dann befreit Ihr nach und nach auch das menschliche Gitternetz von diesen Erinnerungen.

Ihr helft dadurch automatisch anderen Menschen, die diesen bewussten Weg der Entwicklung nicht gehen. Dadurch vermindern sich die individuellen und globalen Katastrophen wie Völkermorde, Kriege, Hass, Neid und Eifersucht. Hieran kannst Du ermessen, wie wichtig und einflussreich die Arbeit mit der DNS ist.

Können wir unsere DNS auch ohne Eure Hilfe in Euren Heilungskammern transformieren?

Meine Liebe, Ihr könnt alles aus eigener Kraft transformieren. Unsere Heilungskammern sind ein Angebot, um den irdischen Prozess zu beschleunigen. Jeder Seele ist es freigestellt, welchen Weg sie geht.

Wie kann ich denn meine DNS ohne Euch transformieren?

Die Transformation der DNS ist ein Prozess der Bewusstwerdung der Erinnerungen.

Wie kann ich mich am einfachsten an etwas erinnern, was ich in Inkarnationen erlebt habe, an die ich mich nicht erinnern kann?

Alles, was Ihr als Ablehnung oder Anziehung jemandem oder etwas gegenüber empfindet, steht immer in einem Zusammenhang mit diesen Erinnerungen. Ihr könnt Euch dann fragen: »Was mag ich von mir nicht in dir?« Es geht darum, in allem, was um Euch ist, zu entdecken, was Ihr nicht mögt. Und das, was Ihr nicht mögt, oder das, was Euch besonders fasziniert, habt Ihr als Erinnerung in Euch.

Und wie können wir dann das, was wir im anderen nicht mögen, transformieren?

Der erste Schritt heißt Akzeptanz. Ihr müsst akzeptieren, dass Ihr diese Erinnerungen aus anderen Leben überhaupt habt. Zum Akzeptieren braucht Ihr Demut. Es ist ein großer Schritt, tatsächlich zu akzeptieren, dass es der eigene Anteil ist, der Euch da im Außen gespiegelt wird. Euren Stolz habt Ihr auf dieser Bewusstseinsebene bereits abgelegt.

Und der zweite Schritt?

Noch einen Schritt weiter geht Ihr, wenn Ihr nicht nur akzeptiert, sondern auch annehmt. Das Annehmen im Herzen, dass diese Person, die Euch zeigt, was Ihr nicht mögt, ein Prophet ist, der Euch diesen Teil in Euch zeigt, den Ihr selbst noch nicht gesehen habt, um Euch zu helfen, dieses Annehmen ist ein Akt der Liebe. Es hat nichts mehr mit Gut oder Böse zu tun, es ist Liebe.

Wenn ich an eine bestimmte Person denke, fällt es mir sehr schwer, sie als Prophet zu sehen.

Eurem Herzen könnt Ihr keine Befehle erteilen. Deshalb braucht es manchmal eine Weile, um zu diesem Schritt des Annehmens zu kommen, weil es da Wut, Rebellion und Rachegefühle gibt. Es gelingt Euch nicht zu vergeben. Selbst wenn Ihr wisst, dass es wahr ist, dass diese Person ein Teil von Euch ist, sie hat Euch doch während so vieler Jahre so tief verletzt, dass Ihr es einfach nicht könnt.

Ja genau. Und wie kommt man aus dieser Falle wieder heraus?

An dieser Stelle könnt Ihr Euch damit trösten, dass allein schon die Tatsache, zu erkennen, dass Ihr nicht lieben und vergeben könnt, ein Akt der Liebe ist. Es ist ein Schritt auf dem bewussten Weg zur Akzeptanz und Annahme.

Das klingt so wie: Der Rest kommt dann von alleine.

Wenn Ihr erkennt, dass alles, was Ihr in Euch auflöst, im Außen nicht mehr in Erscheinung treten kann, fangt Ihr an, mit dem

Leben zu spielen. Euer Leben wird wieder zu einem Abenteuer, in dem Ihr selbst die Richtung bestimmen könnt.

Das klingt wirklich gut.

Du wirst feststellen, dass Du einige Themen schnell akzeptieren und umwandeln kannst, bei anderen wird es sich schwerer gestalten. Das ist nicht weiter schlimm. Nach und nach werden sich alle Themen auflösen, wenn Du auf Zellebene dekodierst.

Das bedeutet, dass durch den Bewusstseinsprozess, dass alles, was im Außen meine Aufmerksamkeit erregt, ein Teil von mir ist, ich automatisch auf Zellebene dekodiere?

Jede Bewusstseinsveränderung verändert Eure DNS.

Wie merke ich denn, ob ich etwas erfolgreich transformiert habe?

Solange die Person, die Euch stört, weiterhin zu Euch kommt, um Euch zu sehen, bedeutet das, dass das Muster nicht vollständig abgearbeitet ist.

Wenn es sich um ein schwerwiegendes, sehr schweres, altes Muster handelt, das sich während vieler Leben wiederholt hat, braucht es seine Zeit, bis es Schicht um Schicht abblättert. Und in diesem Fall kommt die Person wie zufällig immer wieder, oder Ihr trefft sie auf der Straße.

So etwas habe ich mal erlebt, und auch von der Idee des Akzeptierens habe ich zuvor schon gehört.

Ich hatte jahrelang einen Bekannten, mit dem ich mich niemals verabreden brauchte. Ich traf ihn. Ohne Verabredung. Ich traf ihn beim Einkaufen, ich traf ihn auf der Straße, ich traf ihn im Restaurant, ich traf ihn beim Tanzen, ich traf ihn im Kino, am Bahnhof, einfach überall. Bei jedem Treffen fühlte ich mich unwohl, konnte mir aber nicht erklären, warum. Als ich von den Mechanismen der Muster erfuhr, fiel mir ein, dass dieser Bekannte ein Jahr lang Patient einer psychiatrischen Klinik gewesen war. Da ich ihn immer häufiger traf, dämmerte ich, dass ich mir dieses Thema anschauen musste. Ich akzeptierte die Tatsache, dass ich in irgendeinem Leben selbst diese Situation erlebt haben musste. Es fiel mir schwer und ich brauchte eine Weile, bis ich es annehmen konnte, aber es hat geklappt. Seitdem bin ich diesem Mann nie wieder begegnet.

Das ist ein schönes Beispiel. Diese Erinnerung hast Du erfolgreich transformiert.

Na großartig. – Aber heißt das auch, dass alle Menschen in meinem Umfeld, an denen mich etwas stört, nach und nach aus meinem Umfeld verschwinden?

Nehmen wir etwa eine Frau, die ihr Leben lang Unterdrückung erfahren hat, durch den Vater, den Ehemann und auch ihren Chef. Nachdem diese Muster auf ihrer DNS transformiert sind, kann sie so ein Verhalten im Außen nicht mehr anziehen. Sie wird entweder ihren Arbeitsplatz wechseln und fortan einen loyalen Chef haben, oder der Chef wird ihr gegenüber sein Verhalten ändern. Niemand kann einen anderen Menschen unterdrücken, wenn dieser keine Resonanz mehr dazu hat. Mit dem Partner verhält es sich genauso. Entweder wird er gehen, oder auch er wird sein Verhalten gegenüber der eigenen Person ändern.

Das klingt ja fast wie Zauberei. Wie ist es mit dem Geld? Viele Menschen sind in finanziellen Schwierigkeiten. Aber Geld ist ja nicht so lebendig wie ein Chef oder ein Ehemann. Liegen die Ursachen für finanziellen Misserfolg auch in unseren Genen?

Geldmangel hat seine Ursache in Erinnerungen der Aristokratie. Wenn Ihr in einer finanziellen Notlage seid, hilft es Euch, zu verstehen und anzunehmen, dass Ihr in mehreren vorangegangenen Leben aristokratische Leben hattet, in denen Ihr Euch auf das soziale Image und auf Euren persönlichen Reichtum fokussiert habt. Ihr habt auf die Arbeiter, die für Euch einfache Lakaien waren, herabgesehen. Deshalb drückt sich nun in diesem Leben die Erinnerung der Lakaien, der Armen und von Menschen, die einem Sklavensystem ausgeliefert sind, aus, und Ihr zieht die finanzielle Wüste an.

Selbst jemand, der einen Beruf hat, in dem er gut verdient; wenn derjenige auf dem Weg der Erkenntnis ist, dann kommt eines Tages diese Erinnerung heraus, und er erlebt eine finanzielle Notlage. Er verliert seine Arbeit, sein Haus und findet sich selbst vor dem Prüfstein äußerster Armut wieder, was notwendig ist, es sei denn, er versteht gleich am Anfang, dass er solch ein aristokratisches Leben geführt hat. Wenn Ihr Geldprobleme habt, schaut nach diesen Erinnerungen in Euch.

Wie kann ich denn wissen, ob mein Geldmangel wirklich seine Ursache in einem aristokratischen Leben hat?

Schau Dich in Deinem Umfeld um: Welche Menschen hast Du angezogen? Sind in Deinem Umfeld ziemlich wohlhabende Menschen oder Leute, die überhaupt nicht wohlhabend sind, aber steife, unbeholfene oder protokollarische Manieren haben, dann kannst Du sicher sein, dass Du diese Erinnerungen in Dir trägst.

Oh weh. Ich hatte fast nur Menschen der zweiten Sorte in meinem Umfeld. Aber ich habe einen neuen Bekannten. Der gehört zu der ersten Gruppe. Dann habe ich wohl schon ein wenig diese alte Erinnerung aufgelöst. Kann ich diese Schuld, die ich mit meinem Verhalten den Arbeitern gegenüber erschaffen habe, wiedergutmachen?

Im kosmischen Sinn gibt es keine Schuld, sondern nur Ursache und Wirkung. Jede Seele durchläuft ihre eigene Entwicklung. Es gibt keinen Plan, der Buße heißt. Alles ist immer nur Entwicklung.

Wenn Ihr Schuld abbauen oder das Gute tun wollt, setzt Ihr damit Ursachen für ungewollte Ergebnisse. Das Gute kann ohne das Böse nicht existieren. Indem Ihr das eine erschaffen wollt, erschafft Ihr auch das andere. Das Ziel soll sein, vom Guten und Bösen wegzukommen. Es ist ein notwendiges System in der dritten Dimension, welches Ihr nun nicht mehr benötigt.

Wenn Ihr Frieden propagiert, werdet Ihr Krieg ernten, wenn Ihr jemanden trefft, der großzügig ist, wird der gleiche Mensch auf einer anderen Ebene geizig sein. Das eine kann nicht ohne das andere existieren.

Und wie kommen wir von diesem Muster los?

Eure Sprache kann Euch helfen, diese Muster zu erlösen. Sagt nicht zu jemandem, er sei ein Dieb, ein Vergewaltiger, boshaft, kleinlich, arglistig, sondern sagt: Er trägt die Energien eines Diebes, eines Vergewaltigers, er hat Boshaftigkeit in sich, aber er selbst ist das Licht. Der Mensch ist Licht, aber er ist sich nicht bewusst, dass er die Erinnerungen der Arglist in sich trägt.

Puh, das ist gar nicht so leicht, einen Massenmörder als Licht mit Erinnerungen an Mord zu betrachten.

Genau da liegt Eure Heilung.

Jetzt muss ich erst mal schlafen. Gute Nacht.

Gute Nacht, Du Liebe, wir erwarten Dich auf unserem Schiff.

Hallo. Guten Tag, da bin ich wieder.
Ihr wisst wohl immer vorher, wann ich nachts zu Euch komme. Ich kann mich an eine Begegnung mit Euch in der letzten Nacht erinnern.

Die Nächte, in denen Du zu uns auf das Schiff kommst, sind mit Deiner Seele abgesprochen. Alle zukünftigen Termine sind bereits festgelegt. Deine Seele hat jedoch jederzeit die Möglichkeit, die Besuche nicht weiter fortzusetzen.

Ach, ich glaube, im Moment gefällt mir das. Ich kann zwar noch keine großen Veränderungen in meinem Leben feststellen, das heißt, ich habe noch nicht das Gefühl von grenzenloser Liebe oder so, aber ich fühle mich wohl mit Euch. Ich könnte fast behaupten, ich habe Euch lieb gewonnen.

Wir lieben Dich.

Oh. Danke. Ich weiß gar nicht, was ich dazu sagen kann.

Alles ist gut, so wie es ist. Welche Erinnerungen hast Du an letzte Nacht?

Ich weiß nicht mehr alles, aber ich kann mich daran erinnern, dass ich vor Eurem Raumschiff meine Körperhülle fallen ließ und als Energiekörper die Treppe hinaufschwebte. Ich wollte durch das Dach des Raumschiffs hinausfliegen, aber ich wurde festgehalten, und man sagte mir, so weit wäre ich noch nicht.

Die nächste Erinnerung ist, dass ich in einer Eurer Heilungskammern lag. Ich sah, wie tischtennisballgroße rote und gelbe Kugeln aus mir herausgezogen wurden. Ich erhielt die Information, dass die Bälle etwas mit Emotionen zu tun haben. Am Ende wurde mein Körper mit einer Farbe in genau diesem Rot und Gelb überzogen. Dabei ist mir sehr warm geworden.

Du Liebe, Du hast bemerkenswert viel in Dein Wachbewusstsein mitgenommen. Das, was Du als rote und gelbe Kugeln wahrgenommen hast, waren leere Emotionsblasen. Du hattest diese Blasen in Dir, als Sicherheit, um dort Gefühle einzulagern, die Du in einer emotional zu belastenden Situation nicht verarbeiten kannst.

In früheren Leben hast Du diese Emotionsblasen benötigt. In diesem wirst Du sie nicht mehr nutzen. Die Blasen waren zwar leer, aber sie haben auch verhindert, dass dort schöne Gefühle fließen können. Sie haben ein Fließen blockiert. Nun sind sie entfernt, und es gibt genügend Platz für die Ausbreitung und das Fließen von schönen Gefühlen.

Die Lasur, an die Du dich erinnern kannst, dient der Stabilität dieses Zustandes.

Danke! Ihr könnt ja tolle Sachen machen! Ich wusste gar nicht, dass es Emotionsblasen gibt. – Ich habe noch eine Frage.

Frage, Du Liebe. Deshalb sind wir hier.

Wenn Ihr mit Eurer hohen Schwingung achthundert Jahre alt werdet und die Schwingung auf der Erde nun immer feiner wird, werden wir dann auch älter als bislang?

Meine Liebe, alle Wesen, die sich durch Geburt inkarnieren, unterliegen dem Gesetz der Vergänglichkeit des Körpers. Was sich bei Euch ändert, ist der Prozess des Sterbens. Ihr werdet die Angst vor dem Tod verlieren und mit einem höheren Bewusstsein sterben. Es ist wahrscheinlich, dass Ihr länger in Eurem Körper verweilen könnt, dieser Prozess geschieht jedoch allmählich. Eure Statistiker werden feststellen, dass Eure Altersgrenze gestiegen ist.

Dann werden Beerdigungen also nicht mehr so stark von Trauer geprägt sein?

Je mehr Eure Schwingung sich anhebt, desto mehr werdet Ihr mit Leichtigkeit sterben. Es wird Abschiedsfeste geben, die derjenige, der seine Inkarnation beenden möchte, ausrichtet.

Zurzeit benötigt Ihr Ausreden, wenn Ihr sterben möchtet. Ihr sucht Euch Krankheiten oder Gründe aus, warum Ihr aktiv Eurem Leben ein Ende bereiten möchtet. Es liegt eine kollektive Schuld auf dem Sterbeprozess. Ihr glaubt, dass Ihr Euch schuldig macht, wenn Ihr ohne einen triftigen Grund Euer Leben beenden möchtet.

Wenn wir uns erlauben würden, ohne Grund zu sterben, einfach aus unserem freien Willen heraus, gäbe es dann manche Krankheiten nicht?

So ist es, meine Liebe. Krankheiten werdet Ihr nach und nach immer weniger benötigen und erschaffen.

Seid Ihr nie krank?

Wir haben die Ebene der körperlichen Krankheiten vor vielen tausend Jahren verlassen. Wenn wir Energie benötigen, legen wir uns in einen Regenerator.

Braucht Ihr keinen Schlaf?

Wir benötigen keinen Schlaf, wie Ihr ihn kennt. Manchmal nehmen wir uns Erholungszeiten, die wir auf unserem geliebten Planeten Arcturus verbringen. Wir haben auch Ruhephasen, in denen wir uns auf die Kommunikation mit anderen Wesen konzentrieren. Wir machen dies jedoch mit unserem Wachbewusstsein. Träume sind dafür nicht notwendig.

Werden unsere Träume nun auch seltener?

Du Liebe, das ist eine schöne Frage. Wir antworten Dir gerne. Als unbewusste Wesen werdet Ihr regelmäßig mit Träumen versorgt, an die Ihr Euch in unregelmäßigen Abständen erinnern könnt.

Je bewusster Ihr werdet, desto stärker werdet Ihr Eure Träume als Möglichkeit der Kommunikation mit der geistigen Welt erkennen. Ihr werdet Fragen stellen und in die Schule der Träume eintreten. Je leichter Ihr im Wachbewusstsein mit höheren Ebenen kommunizieren könnt, desto weniger werdet Ihr Träume benötigen.

Ich habe vor einigen Jahren mit luzidem Träumen experimentiert. In den Träumen war mir bewusst, dass ich träume, und ich konnte das Geschehen lenken. Irgendwann hatte ich keine Lust mehr dazu, weil es auch Übungen im Wachbewusstsein erforderte.

Wie kann ich meine Träume am einfachsten zur Kommunikation mit anderen Welten nutzen?

Du Liebe, wenn Ihr Eure Träume als Mittel der Kommunikation mit der geistigen Welt nutzen möchtet, habt Ihr verschiedene Möglichkeiten.

Die einfachste Möglichkeit besteht darin, vor dem Einschlafen darum zu bitten, dass Eure Seele im Traum die nächsten Schritte Eurer Entwicklung geht. Eure Seele übernimmt diesen Part gerne. Sie löst Blockaden und besucht die Schule der Höheren Meister. Hierbei spielt es keine Rolle, ob Ihr Euch an Eure Träume erinnern könnt. Wenn Ihr Eure Seele darum bittet, läuft Eure Entwicklung perfekt.

So einfach? Muss ich meine Seele immer darum bitten? Macht sie es nicht, wenn ich nicht darum bitte?

Es gehört zu Eurer Entwicklung, dass Ihr Euch bewusst seid, dass Ihr eine Seele habt und dass Ihr die Traumwelt als aktives Handlungsfeld erkennt. Deshalb wartet die Seele auf Eure Bitte.

Und welche Möglichkeiten haben wir noch, unsere Träume zu nutzen?

Ihr könnt darum bitten, Euch an Eure Träume zu erinnern. Ihr könnt darum bitten, dass Ihr die Aussage Eurer Träume versteht. Wenn Ihr Euch darin trainiert, werdet Ihr die Symbole der Traumwelt immer leichter verstehen und erkennen, an welchem Punkt der Entwicklung Ihr Euch gerade befindet.

Es gibt ja auch Traumdeutungsbücher.

Meine Liebe. Eure Traumdeutungen basieren bislang auf einer Deutungsebene in der dritten Dimension. Eure Träume werden zunehmend Themen Eurer Entwicklung und die Ebene der fünften Dimension behandeln. Ihr werdet von neuen Symbolen und Zeichen träumen. Hierzu habt Ihr noch keine Bücher geschrieben.

Oh, eine Marktlücke. Ich habe vor ein paar Wochen einen intensiven Traum mit einem Symbol gehabt. Vielleicht könnt Ihr mir den Traum erklären.

Welches Symbol ist Dir im Traum erschienen?

Ich sah einen sehr großen länglichen, rot leuchtenden Kegelstumpf. Um ihn herum waren drei blaue Ringe, wie die Ringe um den Saturn. Einer am breiten Ende, einer in der Mitte und einer am dünneren Ende. Sie haben den roten Kegelstumpf nicht berührt. Es sah so aus, als ob sich dieses Gebilde im Weltraum befindet und planetarische

Größe hat. Der Traum war sehr intensiv, und ich wusste beim Aufwachen, dass dieses Symbol eine besondere Bedeutung hat. Könnt Ihr mir sagen, wie ich dieses Symbol verstehen kann?

Du Liebe, Du hast von einem sehr kraftvollen Element geträumt. Es ist ein Zeichen dafür, dass es eine kosmische Macht im Universum gibt, die harmonische Energien verströmt. Die Energien werden von diesem Element seitlich abgegeben. Es existiert tatsächlich, nur sieht es anders aus, als Du es gesehen hast. Dieses ist die Form, die Euch Menschen möglich ist zu erfassen. Für die optische und energetische Ausprägung, die dieses Symbol wirklich besitzt, habt Ihr noch keine Wahrnehmungsmöglichkeiten.

Wenn ich davon träume, gehe ich mal davon aus, dass diese Energien auch der Erde zugutekommen?

Meine Liebe, diese Energien werden in Euer gesamtes Universum abgegeben. Die Erde ist ein Teil davon und harmonisiert sich, wie einige andere Planeten in Eurem Sonnensystem ebenfalls.

Ihr redet von unserem Universum. Könnt Ihr mir erklären, was es mit den Paralleluniversen auf sich hat?

Die Erde, auf der Ihr inkarniert seid, befindet sich in der dritten Dimension, das weißt Du ja bereits. Die Erde existiert jedoch auch schon als Lichtkörper in der fünften Dimension.

Wie kann ich mir das vorstellen?

Wie einen Planeten aus Licht, der um einige Kilometer über die Ausmaße der Erde hinausreicht, über ihre Oberfläche. Diese Lichtkugel schwingt in feiner Energie, und die Gesetze der fünften Dimension herrschen dort in reiner energetischer Form.

Seit 1987, also seit der Zeit, da die Erde verstärkt Aufstiegsenergien erhält, ist diese Parallelerde aus Licht in die Aura der Erde eingetreten. Ein kosmisches Gesetz besagt, dass, wenn zwei Auren aufeinandertreffen, sich immer die niedrigere Schwingung an die höhere anpassen muss. So passt sich also Eure Erde seit 1987 an die fünfdimensionale Energie des Lichtplaneten an.

Und 2012 ist der Lichtplanet dann ganz nah an der Erde?

Am 21. Dezember 2012 wird der Lichtplanet die Erde komplett integriert haben.

Oha! Gibt es dann einen lauten Knall, oder brauchen wir plötzlich alle Sonnenbrillen, oder wie kann ich mir das vorstellen?

Du Liebe, viele Menschen verbinden mit dem Eintritt in die fünfte Dimension spektakuläre Ereignisse. Aber wir versprechen Euch, dass Ihr die Integration der Erde in den Lichtplaneten nicht als ein Ereignis wahrnehmen werdet.

Da der Lichtplanet ständig mehr von der irdischen Aura umspannt, werdet Ihr die Lichtenergie zunehmend deutlicher wahrnehmen. Das ist jedoch kein einzelnes Ereignis, sondern ein andauernder Prozess, der im Dezember 2012 Eurer Zeitrechnung abgeschlossen sein wird.

Gibt es denn dann noch einen Unterschied zwischen den Seelen, die aufgestiegen sind und in einem feinstofflichen Körper zurück auf die Erde kommen, und den Menschen, die auf der Erde geblieben sind?

Meine Liebe, der Unterschied besteht darin, dass diejenigen, die mit ihrem feinstofflichen Körper auf die Erde zurückkommen, die Gesetze der fünften Dimension zutiefst verinnerlicht haben. Sie handeln und denken im Einklang mit dieser Matrix. Diejenigen, die auf der Erde geblieben sind, werden sich langsam an die neuen Gesetze gewöhnen.

Ihr könnt Euch das so vorstellen, dass Ihr jedes Mal, wenn Ihr nicht im Einklang mit den fünfdimensionalen Gesetzen handelt, wie ein Kind seid, das auf die heiße Herdplatte fasst. Jeder Gedanke, jede Handlung, die losgelöst von den dann für Euch geltenden Gesetzen steht, hat eine unangenehme Folge für Euch. Die, die zuvor aufgestiegen sind, langen nicht mehr auf die Herdplatte. Es ist ihnen unmöglich, außerhalb der Gesetze zu agieren.

Hm. So blöd ist es wohl doch nicht, wenn man zu denen gehört, die aufgestiegen sind, und dann auf die Erde zurückkommt. Kann man sich denn aussuchen, wenn man zu den Aufsteigern gehört, wo man danach hinkommt, oder ist das festgelegt?

Du Liebe, die Vorlieben der Seelen werden berücksichtigt, aber wir achten auch darauf, dass der Gesamtseelenplan dieser Seelen eingehalten wird. Einigen Seelen ist dann anzuraten, ihr Wirken auf einem anderen Planeten oder zunächst körperlos weiterzuführen.

Da fällt mir eine neue Frage ein: Sicherlich sind jetzt auch körperlose Seelen auf der Erde, oder?

Ja, sehr viele sogar.

Also, was ist mit denen? Können auch körperlose Seelen beim Aufstieg mitmachen, oder gilt das nur für Seelen, die zurzeit als Mensch inkarniert sind?

Das ist eine schöne Frage.

Danke.

Die Zahl, die wir Euch genannt haben, also die 250.000 bis 300.000 Seelen, die die Erde beim ersten Schwung verlassen, haben wir auf Seelen bezogen, die derzeit als Mensch inkarniert sind. Natürlich ist es generell möglich, dass auch körperlose Seelen den Aufstieg vollziehen. Dies ist in höheren Dimensionen sogar üblich. Für die Erde gilt jedoch bei diesem Aufstieg, dass nur als Mensch inkarnierte Seelen aufsteigen.

Die Seelen, die derzeit körperlos auf der Erde weilen, haben verschiedene Gründe, warum sie unter Euch sind, jedoch hat keine Seele den Aufstieg als Ziel.

Welche Gründe haben sie denn?

Meine Liebe, einige Seelen weilen unter Euch, weil sich im gesamten Universum herumgesprochen hat, dass ein immenser Wechsel auf der Erde bevorsteht. Die Seelen, die diesen Aufstieg beobachten, kommen, um zu lernen oder aus einer Art

Sensationslust. Sie befinden sich in einer Inkarnationspause und haben das Versprechen abgegeben, weder dem Aufstieg noch dem Willen der Menschen entgegenzuwirken. Diese Seelen bleiben von Euch unbemerkt.

Wie viele sind es?

286.000.

Oh, wow. Das ist eine Menge. Das ist ja fast unheimlich. Sind diese körperlosen Wesen überall, können sie theoretisch auch in meinem Bad oder Schlafzimmer sein?

Du Liebe, diese Seelen können überall auf der Erde sein. Es ist ihnen verboten, ins Innere der Erde zu reisen, auch ist es ihnen untersagt, die Aura der Erde zu verlassen. Eine Missachtung dieser Gebote hätte weitreichende Folgen für ihre weiteren Inkarnationen. Das ist diesen Seelen bewusst. Auch wurden nur Anträge von Seelen angenommen, denen wir diese Zurückhaltung und die Einhaltung der Gebote im höchsten Vertrauen erlauben konnten. So können diese Seelen zwar überall auf Eurer Erdoberfläche sein, doch hat dies weder für sie noch für Euch Konsequenzen. Außerdem lasst Euch gesagt sein, dass diese Seelen nicht an der Entwicklung von einzelnen Personen interessiert sind. Sie sind interessiert an der Gesamtentwicklung Eures Planeten und halten sich somit bevorzugt in Menschengruppen auf. Dass sich eine dieser Seelen in Dein Bad verirrt, ist unwahrscheinlich.

Oh, danke, gut zu wissen.

Diese Seelen kommen aus unterschiedlichen Zeitzonen. Einige kommen aus der planetarischen Zukunft und einige auch aus der Vergangenheit der Erde. Diese Seelen werden im Anschluss an den irdischen Aufstieg wieder in ihre Zeitzone und ihren Inkarnationszyklus zurückkehren.

Warum kommen Seelen aus der Vergangenheit der Erde?

Die Seelen, die aus einer vergangenen Zeitzone Eures Planeten kommen, werden in vielen tausend Jahren den Aufstieg erleben, den Ihr nun bewusst wahrnehmt. Durch ihr jetziges Beobachten fällt es ihnen leichter, in ihrer Zukunft den Aufstieg anzustreben. Diese Seelen werden die ersten sein, die in ihrer Zeit erwachen und die Botschaft des Lichts verbreiten werden. Sie tragen die Erinnerung an diesen beobachteten Aufstieg in allen ihren Inkarnationen unbewusst mit sich und ahnen und fühlen, dass es außer ihrer normalen Realität noch etwas Höheres gibt.

Jetzt bin ich doch etwas verwirrt wegen der Zeit. Also, diese Seelen kommen aus der Vergangenheit der Erde, steigen aber erst nach uns auf, richtig?

Du hast es richtig verstanden.

Aber WO auf der Erde befindet sich denn die Vergangenheit? Jetzt bin ich echt durcheinander.

Du Liebe, die Zeit ist immer nur der Ort Eures Bewusstseins. Natürlich ist es vorgesehen, dass Ihr Euch in einer irdischen Inkarnation der dritten Dimension vorwiegend im gleichen Zeitbe-

wusstsein befindet, damit die Entwicklung Eurer Seele einen leichteren Weg hat. In höheren Dimensionen ist auch das Wechseln der Zeitzonen Normalität und kann spielend von jeder Seele bewältigt werden.

Die Seelen, die aus der Vergangenheit der Erde kommen, haben mit ihrem Zeitbewusstsein einen Sprung gemacht, den sie nach dem Aufstieg wieder zurück machen. Sie machen diesen Sprung nicht selbständig. Sie erhalten Hilfe von der Weißen Schwestern- und Bruderschaft. Sie dürfen in einer ihnen fremden Zeitzone eine Beobachterrolle einnehmen.

Dann kann es also sein, dass diese Seelen gleichzeitig aus der Vergangenheit heraus beobachten und als inkarniertes Wesen den Aufstieg erleben?

Bilokal zu sein lernt Ihr erst in der siebten Dimension. Bitemporalität beherrschen wir auch noch nicht. Diese Seelen befinden sich in der vergangenen Zeitzone in einem Paralleluniversum dieser Erde, das zeitgleich zu dem Eurem existiert. Sie kommen also aus einem Paralleluniversum mit anderer Zeitzone.

Uff. Und wo ist dieses Paralleluniversum?

Meine Liebe, Du hast uns bereits Dein Beispiel mit dem Rad genannt. Du befindest Dich in der Mitte, und alle Zeiten existieren um Dich herum. Je nachdem, auf welche Zeit Du – oder Deine Seele – ihr Bewusstsein ausrichtest, erlebst Du eine andere Zeitzone.

Tatsächlich wäre das Modell von einem Ball geeigneter als das des Rades, denn die Zeit- und Bewusstseinsformen existieren im gesamten Raum. Und auch dies ist wieder ein Beispiel aus der dritten Dimension. Wenn es Dir irgendwie möglich ist, stelle Dir einen multidimensionalen Ball vor, der das dreidimensionale Modell um unzählige Dimensionen überragt.

Ooookay, ich versuche es.

An einem einzigen Punkt dieses Balls existiert das Paralleluniversum Erde, auf dem sich diese Seelen mit ihrem Inkarnationszyklus befinden.

Man kann also wirklich Zeitreisen unternehmen?

Es gibt verschiedene Arten von Zeitreisen. Die gerade beschriebene Art ist eher ein temporär begrenzter Zeitsprung an einen anderen Ort des Bewusstseins, somit auch an einen anderen Ort der Zeit.

Ebenso könnt Ihr innerhalb einer Inkarnation eine Zeitreise unternehmen. Das heißt, Ihr werdet es im Umfeld der fünften Dimension lernen. In dieser Dimension werdet Ihr Euch diese Art zu reisen nicht vollständig aneignen können. Aber Ihr werdet zunehmend Erlebnisse haben, die Euch vorübergehend in eine andere Zeit bringen. In der siebten Dimension lernt Ihr, diese Reisen zu steuern und bewusst herbeizuführen.

Wie kann ich mir denn so ein zufälliges Erlebnis in eine andere Zeit vorstellen?

Meine Liebe, Du hattest bereits ein solches Erlebnis. Kannst Du Dich daran erinnern?

Meint Ihr das mit der Pizzeria?

Schön, dass Du sofort ein Gespür dafür hattest, welches Ereignis wir meinen. Möchtest Du uns das Erlebnis mitteilen?

Also, das war so vor ein oder zwei Jahren. Ich habe in einer Straße gewohnt, in der hauptsächlich sehr alte Häuser stehen. Im Auto habe ich auf einen Freund gewartet, und in meiner Sichtweite lag eine Pizzeria. Auf einmal hat sich mein gesamtes Umfeld geändert. Ich saß zwar noch in dem Auto, aber außen sah alles anders aus. Die Häuser standen noch da, aber sie sahen anders aus, sie hatten andere Farben. Auf der Straße standen Autos, die es heute nur noch im Museum gibt, und die Menschen, die an mir vorbeiliefen, trugen Kleidung, die ich nur aus alten Filmen kenne. Die Pizzeria existierte nicht mehr, sie war ein Waschsalon. Nach einer halben Minute oder so, ich kann nicht einschätzen, wie lange es gedauert hat, sah wieder alles so aus wie zuvor. Mit modernen Autos, modernen Menschen und mit der Pizzeria.

Das war eine Zeitreise? Ich dachte, ich hätte mal kurz das Karma der Straße gespürt.

Das war eine Zeitreise. Und natürlich ist diese Szene auch für das Gesamtkarma dieser Straße mitverantwortlich.

Ich glaube, ich verstehe es langsam besser. Und die Seelen aus der Vergangenheit, die uns beim Aufstieg beobachten, gucken uns so ähnlich zu wie ich dieser Szene auf der Straße, ja?

So ähnlich ist es. Nur, dass sie nicht an einen Platz gebunden sind, sondern ihren Beobachtungsort verändern können. Sie kom-

men auch nicht aus Eurer direkten Vergangenheit, sondern aus einer Parallelvergangenheit, die irgendwo auf dem Ball ihren Ort hat. Einen Ort, der durch Zeit und Bewusstsein sowie Euch noch unbekannte Parameter bestimmt ist.

Ganz schön kompliziert ... Aber mir ist noch etwas zu der Zukunft eingefallen. Wenn die Zukunft schon im Rad oder Ball existiert, dann brauche ich ja gar keine Entscheidungen mehr zu treffen, sie existiert ja schon, stimmt's?

Meine Liebe, es existieren bereits alle Möglichkeiten der Zukunft. Mit Deinen Entscheidungen triffst Du die Wahl, welche Zukunft Du mit Deinem Bewusstsein erlebst.

Könnt Ihr mir ein Beispiel dafür geben?

Sehr gerne. Welche Entscheidungen hast Du heute zum Beispiel getroffen?

Oh, ich habe den Vertrag mit meiner Praktikantin vorzeitig beendet, ich habe mein Auto in eine Werkstatt gebracht, ich habe Wäsche gewaschen, ich habe entschieden, einer Freundin nicht heute, sondern erst morgen zu schreiben ...

Kannst Du Dir vorstellen, wie viele Kombinationsmöglichkeiten es gäbe, wenn Du Dich bei diesen Schritten anders entschieden hättest?

Nun ja, schon. Ich könnte jetzt mein Auto nicht in der Werkstatt, aber die Praktikantin noch immer haben, oder meine Wäsche wäre noch dreckig, aber das Praktikum hätte ich trotzdem vorzeitig beendet.

Glaubst Du, dass es einen kosmischen Knall gegeben hätte, wenn Du Dich anders entschieden hättest, als Du es getan hast?

Nein, das kann ich mir beim besten Willen nicht vorstellen. Es sind ja nur kleine Alltagsentscheidungen gewesen.

Wenn wir Dir jetzt sagen, JEDE Form der Zukunft existiert bereits und Du wählst mit Deinen Entscheidungen, welche Form Du bewusst erleben möchtest, kannst Du das dann nachvollziehen?

Ja, irgendwie schon. Ich dachte nur immer, das seien Möglichkeiten. Dass alle Möglichkeiten auch zeitgleich existieren, finde ich krass. Das heißt doch, dass auch eine Version von mir existiert, in der ich meinen ersten Freund geheiratet und acht Kinder bekommen habe?

So kannst Du es Dir vorstellen.

Da bin ich aber froh, dass ich wählen kann, welche Entscheidungen ich treffe. Was ist denn mit den globalen Ereignissen? Ich habe ja nicht bewusst entschieden, dass es irgendwo einen Krieg oder ein Erdbeben gibt, trotzdem tangiert mich das in meinem Bewusstsein.

Diese Ereignisse sind in Eurem kollektiven Bewusstsein entstanden. Eure Seelen haben sich gemeinsam dafür entschieden.

Seelen entscheiden sich gemeinsam für Krieg oder einen Flugzeugabsturz?

Viele der Seelen, die auf Eurem Planeten als Mensch inkarniert waren und sind, benötigen Kriege für ihre Erfahrungen. Es war wichtig, dass Ihr das gesamte Ausmaß der Dualität kennengelernt habt. Wenn Ihr in einer Inkarnation Täter wart, wart Ihr in einer anderen Inkarnation Opfer. Ihr tragt immer beides in Euch.

Wie kommt man denn aus diesem Schlamassel wieder heraus?

Ihr befreit Euch immer mehr davon. Es geht um Eure Bewusstheit, dass Ihr immer beide Seiten in Euch tragt. Wenn Euch das bewusst ist, hört Ihr auf zu werten und kommt immer mehr in das Gefühl, dass alles miteinander verbunden und alles, was ist, Teil Eurer Entwicklung ist.

Und so kann man dann auch das Karma abbauen und muss als Seele nicht schon wieder irgendwo inkarnieren, wo Krieg ist?

Du hast es gut verstanden.

Danke. Was ist mit den Flugzeugabstürzen? Was ist das für ein Karma?

In den meisten Fällen sind solche Katastrophen karmafrei. Es ist die Entscheidung einiger Seelen, ihre Inkarnation zu beenden. Diese Seelen verabreden sich dann, im selben Flieger zu sitzen. Deshalb gibt es auch immer wieder Berichte, dass jemand genau diesen Flieger verpasst hat, seine Seele hat bei dieser Entscheidung nicht mitbestimmt. Er möchte seine Inkarnation noch nicht beenden.

Ja, das stimmt, fast zu jedem Flugzeugabsturz oder Bahnunglück gibt es jemanden, der behauptet, den Start verpasst zu haben.

Jetzt noch mal etwas anderes: Wir haben vorhin über Zeitreisen geredet und das Thema Bilokalität nur kurz angerissen. Es interessiert mich aber. Ich habe mal einen Bericht über eine Frau gelesen, die nachweislich zeitgleich irgendwo in Amerika und in Europa war. Wie geht das? Kann ich das auch? Könnte ich theoretisch zeitgleich Geld verdienen und am Strand liegen? Oder zeitgleich schlafen und tanzen?

Meine Liebe. Kannst Du Dich zu hundert Prozent auf einen Gegenstand oder einen Gedanken konzentrieren?

Nun ... manchmal, aber nur ganz kurz. Dann kommen immer andere Gedanken dazwischen.

Wenn Du fähig bist, Dich zeitgleich sowohl auf einen als auch auf einen anderen Gegenstand oder Gedanken zu konzentrieren, kannst Du anfangen, Bilokalität zu üben.

Okay, das habe ich jetzt auch verstanden. Also arbeiten beim Arbeiten. Wäre ja auch zu schön gewesen. Danke für die Antwort.

Hallo, da bin ich wieder. Seid Ihr da?

Wir sind immer da. Du auch?

Wie ist das gemeint, ob ich immer da bin? Wo denn?

Wir sind immer bei Dir. Bist Du auch immer bei Dir?

Ihr seid immer bei mir? Tag und Nacht? Wie viele von Euch? Immer die Gleichen? Wo seid Ihr denn?

Du Liebe, jeder Mensch, dessen Seele uns Arcturianer um Unterstützung bei dem bevorstehenden Dimensionswechsel gebeten hat, wird ständig von uns begleitet.

Jeder von Euch wird von einem speziell auf ihn geschulten Arcturianer dauerhaft begleitet.

Moment, dazu habe ich ein paar Fragen. Zunächst mal: Wann hat meine Seele Euch eingeladen?

Du Liebe, Deine Seele hat bereits vor Deiner jetzigen Inkarnation Kontakt zu uns und auch der Weißen Schwestern- und Bruder-

schaft aufgenommen. Der Kontakt mit uns entspricht dem Plan, den Deine Seele für dieses Leben gemacht hat.

Oh. Und wie lautet mein Seelenplan?

Dein Seelenplan lautet: Wiederholung einiger starker Probleme aus früheren Inkarnationen in abgeschwächter Form, um mit Deinem neuen kosmischen Verständnis die Themen endgültig durch alle Gezeiten und auf allen Seinsebenen zu lösen. Obendrein hast Du Dir noch vorgenommen, alles im Schnelltempo zu erleben und zu lösen.

Wie blöd ist das denn? Ich wiederhole freiwillig Probleme aus anderen Inkarnationen, die anscheinend bereits gelöst waren, nur um sie noch ein bisschen besser und endgültig zu lösen?

Meine Liebe, alle Meister haben das so gemacht und machen es noch.

Das heißt, meine Seele will ein Meister werden?

Du Liebe, Deine Seele und alle Seelen, die mit diesem Buch in Berührung kommen, streben die Meisterschaft an. Ihr vollzieht Eure Entwicklung sehr gründlich und wiederholt Euer Leid in vielen Inkarnationen, bis auch das allerletzte Krümelchen transformiert und verstanden ist.

Jetzt weiß ich gar nicht, ob ich mich darüber freuen oder ärgern soll. Was passiert denn dann, wenn wir Meister sind?

Meine Liebe, wenn Ihr in einem für Euch noch entfernten Bewusstseinspunkt im Raum-Zeit-Kontinuum Meister werdet, so werdet Ihr es nicht als Einzelseele. Ihr werdet mit Eurer gesamten Seelenfamilie gleichzeitig Meisterseelen. Manchmal schließt Ihr Euch alle als eine neue Wesenheit zusammen. Manchmal bildet Ihr zu zweit oder dritt eine neue Wesenheit, und sehr selten bleibt Ihr auch einmal als Einzelseele ein Wesen.

Alle Mitglieder Eurer Seelenfamilie haben den gleichen Entwicklungsstand. Ein paar von Euch sind jeweils inkarniert, oft auf verschiedenen Planeten. In diesen Zeiten des Aufbruchs sind jedoch sehr viele Seelengeschwister zeitgleich auf der Erde inkarniert. Oft sogar auf dem selben Kontinent. Die nichtinkarnierten Seelen Eurer Seelenfamilie beobachten Euch von ihrer körperlosen Welt heraus.

Können denn die Nichtinkarnierten die gleiche Entwicklung durchmachen, speziell nun beim Dimensionswechsel?

Das ist eine schöne Frage. Du musst wissen, dass die Seele sich immer entwickelt. Für einen Teil der Entwicklung benötigt die Seele eine Inkarnation, andere Entwicklungsstufen finden körperlos statt.

Alle nichtinkarnierten Seelen, die zu einer Seelenfamilie gehören, deren Mitglieder zur Zeit den Dimensionswechsel auf der Erde erleben, machen zeitgleich eine ähnliche Entwicklung in körperloser Form durch.

Ihr solltet von der Vorstellung loskommen, dass eine Seele nur etwas zu tun hat, wenn sie inkarniert ist, und den Rest der Zeit Urlaub hat.

Ja, so ähnlich hatte ich es mir vorgestellt. Danke für die Aufklärung. Wie viele Mitglieder hat denn eine Seelenfamilie?

Die Anzahl der Mitglieder einer Seelenfamilie ist unterschiedlich. Eine sehr kleine Familie hat fünf Mitglieder, zu einer sehr großen Familie gehören sechzehn Seelen.

Wie groß ist meine Seelenfamilie?

Deine Seelenfamilie besteht aus neun Seelen.

Wie viele davon sind jetzt inkarniert?

Du gehörst einer sehr mutigen und wissbegierigen Seelenfamilie an. In den meisten Familien ist das Verhältnis zwischen inkarnierten und nichtinkarnierten Seelen ungefähr ausgeglichen. Von den neun Seelen Deiner Familie sind derzeit sieben Seelen auf der Erde inkarniert. Meistens sind auch Mitglieder auf anderen Planeten inkarniert. Das trifft auf Deine Familie zu dieser Zeit nicht zu.

Dann besteht also theoretisch die Möglichkeit, sechs Mitglieder meiner Seelenfamilie in diesem Leben zu treffen?

Eine Seele hast Du bereits getroffen.

Ja, stimmt. Ich hatte immer gedacht, dass es so etwas sein muss, die Begegnung war einfach zu stark.

Möchtest Du erzählen, wie Du diese Begegnung wahrgenommen hast?

Ja, gerne. Das war vor sechs Jahren. Ich war in Spanien und ging eine breite Steintreppe hinauf. Ein junger Mann kam mir entgegen. Als unsere Blicke sich trafen, konnten wir gar nicht von den Augen des anderen ablassen. Wir haben uns einfach nur in die Augen geschaut. Es hat sehr lange gedauert, wir wussten hinterher aber beide nicht mehr, wie lange.

Wir wussten auch beide nicht, was das gewesen war. Aber in dem Moment, in dem wir uns angeschaut hatten, war ich verbunden mit dem ganzen Kosmos. Es war unheimlich stark und ging über uns als Personen hinaus.

Dieser Mann kam aus Österreich. Aus unserer Begegnung entstand zunächst eine wundervolle, jedoch durch räumliche Distanz geprägte Freundschaft, die nach drei Jahren durch absolute Kommunikationsverweigerung seinerseits beendet wurde.

Das war der Grund, warum ich dachte, dass es wohl doch niemand aus meiner Seelenfamilie gewesen sein kann, denn dann würden wir ja das Paradies auf Erden erleben, oder?

Meine Liebe, es ist schön, dass Ihr Euch als Mitglied der gleichen Seelenfamilie erkannt habt.

Viele von Euch glauben, dass, wenn Ihr jemanden aus Eurer Seelenfamilie trefft, diese Begegnung nur von Liebe und Verständnis getragen sein müsste. Wir versichern Dir, dass oft sogar das Gegenteil der Fall ist.

Viele Seelengeschwister, die sich in einer Inkarnation begegnen, hassen oder töten einander.

Warum das denn? Das ist ja wie im richtigen Leben ...

Du Liebe, Ihr alle wart in Euren irdischen Inkarnationen hier, um die Gesetze der Dualität zu studieren und sie später in anderen Dimensionen wieder loszulassen. Wichtig ist jedoch, dass Ihr alle diese Erfahrungen gemacht habt.

Ihr beginnt erst in diesen Zeiten zu verstehen, dass beide Seiten aller Ausdrucksformen zusammengehören und jede Seite ohne die andere gar nicht existieren könnte. Könntest Du über jemanden sagen, er sei dick, wenn alle Menschen gleich aussehen würden? Könntest du sagen, jemand sei krank, wenn es allen Menschen gleich gehen würde?

Nein.

Über viele Inkarnationen habt Ihr nicht verstanden, dass Liebe und Hass, Großzügigkeit und Geiz, Reichtum und Armut nur verschiedene Ausprägungen des gleichen Gedankens, des gleichen Musters sind. Es ist genauso anstrengend oder leicht, reich oder arm, gesund oder krank zu sein. Ihr beginnt nun zu erkennen.

Die Mitglieder Eurer Seelenfamilie haben nicht die gleichen Erfahrungen gemacht, aber sie sind zum gleichen Ergebnis gekommen. So war es leicht möglich, dass jemand, den Ihr besonders gehasst habt, ein Seelengeschwisterkind war. Diese Seele war auf dem gleichen Entwicklungslevel wie Ihr, lebte aber die andere Ausprägung des gleichen Gedankens. Mit Eurem früheren Unverständnis war Eure Reaktion Hass. Viele von Euch haben ihren

Seelengeschwistern Schaden zugefügt. So habt Ihr Euch gegenseitig eine schöne Gelegenheit gegeben, Eure Erfahrungen und Erkenntnisse zu beschleunigen, denn Ihr habt Lektionen auf dem gleichen Entwicklungsstand erhalten.

Zu Deinem Freund aus Österreich: Es ist förderlicher für Euch beide, wenn Ihr Eure Entwicklungen unabhängig voneinander weiterlebt. Ihr entwickelt Euch synchron. Die Gefahr dabei könnte sein, dass Ihr Euch in einem Gefühl des Verstehens zu sehr auf Eure Zweisamkeit konzentriert und Euren Seelenplan dabei vergesst.

Und ich dachte immer, es wäre ganz besonders toll, wenn man einen Seelenpartner findet. Ist ein Seelenpartner für einen eigentlich »besonderer« als ein Mitglied der gleichen Seelenfamilie?

Meine Liebe, Eure Seelenpartner kommen häufig aus den gleichen Seelenfamilien. Manchmal auch aus verschiedenen Seelenfamilien, da haben dann alle Mitglieder beider Familien zugestimmt. Es sind befreundete Seelenfamilien auf einem ähnlichen Entwicklungsstand.

Lerne ich in diesem Leben meinen Seelenpartner kennen?

Du Liebe, sehr viele von Euch kehren nun zu ihrem Seelenpartner zurück, um den Aufstieg gemeinsam zu erleben. Oft lebt Ihr in nicht mehr stimmigen Konstellationen und müsst zunächst Euer gewohntes Umfeld verlassen. Es gibt eine Art kosmische Amnestie, in der es den Seelenpartnern erleichtert wird, sich zu erkennen. Ob Ihr bereit seid, Euch für einen gemeinsamen Weg zu entscheiden, unterliegt Eurem freien Willen, den Ihr in der nächsten Dimension nicht mehr in dieser Form haben werdet.

Ich kriege gleich zu viel. Bei jeder Eurer Antworten stellen sich mir neue Fragen. Aber ich werde sie heute alle noch stellen. Fangen wir hiermit an: Wenn Ihr so über die Begegnung mit dem Seelenpartner redet, dann habe ich meinen wohl schon getroffen?

Erzähl mal, was Dir durch den Kopf geht.

Es war wieder so ein besonderer Moment beim Kennenlernen. Ich fand ihn eigentlich ziemlich blöd, aber er hat meine komplette Aufmerksamkeit bekommen, ich konnte einfach nicht weggucken.

Das ist ein schönes Anzeichen. Wenn jemand Eure Aufmerksamkeit erregt, unabhängig davon, ob es positiv oder negativ von Euch empfunden wird, dann liebt Eure Seele ihn.

Später habe ich ihn näher kennengelernt und festgestellt, dass er in allen Lebensbereichen das genaue Gegenteil von dem gelebt hat, was ich lebte. Aber ich fing an, ihn mehr und mehr zu mögen.

Das ist so, weil Ihr beide schon so weit entwickelt seid, dass Ihr Anderssein auch lieben könnt. Ihr habt viele Inkarnationen damit verbracht, Anderssein zu hassen.

Er lebt noch in einem starren Beziehungsgemäuer, aus dem er gerade ausbrechen möchte. Wir haben aber erkannt, dass es nicht förderlich ist, wenn ich diesen Schritt abwarte oder begleite, und so haben wir den Kontakt bis auf Weiteres abgebrochen. Das Schöne ist, dass es ein liebevoller und von Verständnis getragener Abschied war. Es ist rund und gut, so wie es ist.

Aber wenn ich an das denke, was Ihr gesagt habt, dann frage ich mich, ob wir uns wiedersehen.

Du Liebe, begegnen werdet Ihr Euch, ob Ihr Euch für ein gemeinsames Leben entscheidet, unterliegt Eurem freien Willen.

Dazu wollte ich eben schon eine Frage stellen: Wie ist das mit dem freien Willen? Gibt es den in der fünften Dimension nicht mehr? Das kann ich mir gar nicht vorstellen.

Du Liebe, der freie Wille, der in der dritten Dimension eine starke Rolle spielt, existiert in dieser Form in höheren Ebenen nicht mehr.

Bislang konntet Ihr mit Eurem Verstand jede Entscheidung auf vielfältige Weise treffen. Ihr konntet Euch für alle Möglichkeiten, die zur Wahl standen, entscheiden. Ihr habt Eure Gedanken und Euer Wissen abgewogen und seid dann zu einer Entscheidung gekommen.

In der fünften Dimension wird es zunehmend so sein, dass Ihr, bevor Ihr eine Entscheidung trefft, nicht nur alle Möglichkeiten, sondern auch alle deren Konsequenzen kennt. Ihr habt bereits jetzt eine bescheidene Ahnung davon, wenn Ihr Bauchentscheidungen trefft. Ihr wisst dann intuitiv, dass jetzt genau diese Entscheidung besser ist als eine andere.

Ihr werdet in der fünften Dimension so weit kommen, dass Ihr nicht nur ein Gefühl für die passendere Entscheidung habt, sondern Euch die Auswirkungen aller möglichen Entscheidungen bis ins letzte Detail bekannt sind.

Dieses Wissen bindet Euch dann auch immer mehr in das Gefühl der Zeit ein, denn Ihr wisst dann ja bereits zu einem Gegenwartszeitpunkt alle Parallelmöglichkeiten der Zukunft.

Oh, das ist schön, darauf freue ich mich. Jetzt arbeite ich alle meine Fragen ab. Zu Beginn des heutigen Gesprächs habt Ihr gesagt, dass ich den Kontakt zu Euch bereits vor meiner Geburt beschlossen habe. Was ist mit den Lesern dieses Buches? Haben sie auch alle diese Entscheidung getroffen?

Meine Liebe, viele von den Menschen, die mit diesem Buch in Berührung kommen, werden seit ihrer Geburt von uns begleitet. Andere Seelen haben erst in diesem Leben den Entschluss gefasst, in Kontakt mit uns zu treten. Einige wenige, die dieses Buch lesen, werden seinen Inhalt für Unfug erklären und uns erst in anderen Inkarnationen begegnen.

Heißt das denn, dass jeder Euch irgendwann begegnet?

Jede Seele, die einen Dimensionswechsel erlebt, hat kosmische Begleiter. Einige Seelen wählen Engel oder Erzengel, andere die Aufgestiegenen Meister oder die Weiße Schwestern- und Bruderschaft. Ein Aufstieg ohne kosmische Hilfe hat noch niemals stattgefunden. Ihr – und auch wir – erfahren ständige Unterstützung.

Einigen Seelen in der dritten Dimension ist diese Verbindung bewusst, vielen jedoch nicht. In den höheren Ebenen ist es Euch ganz unmöglich, den Kontakt NICHT zu erkennen. Ihr nehmt dort wahr, dass Ihr von Wesenheiten begleitet und unterstützt werdet.

Ist denn immer der gleiche Arcturianer bei mir? Seit meiner Geburt? Hat er nie Urlaub von mir?

Du Liebe, wenn eine Seele vor Ihrer Geburt arcturianische Begleitung wünscht, dann ist ab dem Moment der Zeugung, also ab dem Moment, in dem die Seele ihre Zeit auf der Erde beginnt, bereits einer von uns bei ihr. Dieser wird sie bis über ihren Tod hinaus begleiten und verlässt diese Seele erst, wenn sie wieder bei ihrer Seelenfamilie angekommen ist.

Wir sind helfende Seelen, und es bereitet uns viel Freude, Eure Inkarnationen zu begleiten. Urlaub benötigen wir nicht. Wir werden von unseren Freunden auf Arcturus, die sich genau dies als Aufgabe ausgesucht haben, mit Energie gespeist. Da wir nicht körperlich erscheinen, ist unser Energieverlust bei dieser Tätigkeit nur sehr gering.

Natürlich ist Dein persönlicher Begleiter in ständigem Kontakt mit seinen Lehrern und manchmal holt er andere von uns zu sich, um uns bereits veränderte Anteile in Deiner Seele zu zeigen.

Heißt das, für mich ist ein Lehrling zuständig? Und andere machen so eine Art Klassenfahrt, um Entwicklungen meiner Seele zu betrachten?

Wir alle lernen. Der höchste entwickelte Arcturianer ist Lord Arcturus. Es gibt einen Rat der Ältesten, den wir befragen, wenn wir Hilfe benötigen. Dieser Rat steht in ständigem Austausch mit Lord Arcturus. Aber Du musst Dir keine Sorgen machen. Du wirst gut betreut.

Die Klassenfahrten, wie Du sie nennst, sollten Dich stolz machen. Wenn wir andere Arcturianer einladen, die Seele eines Menschen zu betrachten, so hat das meist einen schönen Grund, meistens den, dass diese Seele eine schöne Entwicklung gemacht hat. Der Zustand der Seele kann visuell und emotional wahrgenommen werden. Ab der siebten Dimension könnt Ihr Eure Seelen dauerhaft optisch wahrnehmen.

Wie heißt mein Arcturianer?

Er hat einen Namen, der nicht in Schrift oder Ton festgehalten werden kann, so dass wir Dir seinen Namen nicht vermitteln können.

Ist das nicht ein langweiliger Job? Wenn ich das richtig verstanden habe, muss der erste Kontakt zu Euch immer vom Menschen ausgehen. Aber viele von uns wissen noch nicht einmal, dass Ihr existiert. Ich habe es ja auch über vierzig Jahre lang nicht gewusst.

Du Liebe, Zeit wird von uns anders empfunden als von Euch. So etwas wie Langeweile gibt es für uns nicht. Tatsächlich bist Du für unser Empfinden erst ein paar Augenblicke auf der Erde.

Und in ein paar Augenblicken schon wieder gestorben?

Aus unserer Perspektive ist das so, ja.

Na toll. Warum machen wir dann immer so einen Bohei um unser Leben? Dauert ja nur ein paar Augenblicke ...

Was wäre, wenn ich nie Kontakt mit meinem Arcturianer aufnehmen würde? Ich nenne ihn jetzt Arcti, es ist einfacher, wenn er einen Namen hat. Ich habe doch gar keinen bewussten Kontakt zu ihm. Ich rede hier zwar manchmal mit Euch, aber Arcti habe ich noch niemals direkt angesprochen. Habe nicht daran gedacht, dass ich es machen könnte.

Arcti, um Deine Benennung aufzugreifen, benötigt keinen direkten Kontakt zu Dir. Er kommuniziert mit anderen Wesen, die die Entwicklung Deiner Seele unterstützen.

Eine Weile stand er in regem Austausch mit der Weißen Schwestern- und Bruderschaft. Das war zu der Zeit, als Du die Ausbildung dort angefangen hast. Kein kosmisches Wesen kennt Dich besser als Arcti, und wenn es darum geht, Dir Entwicklungsmöglichkeiten anzubieten, so wird er befragt, auf welchem Entwicklungsstand Du Dich gerade befindest. Er studiert Dich jeden Tag und hat Freude daran.

Das finde ich aber sehr nett von ihm. Ich bin fast ein bisschen gerührt. Okay, dann überlege ich mir mal, ob ich ihn nicht direkt anspreche. Heute aber nicht mehr. Lieber ein anderes Mal. Jetzt möchte ich Euch lieber noch ein paar Fragen stellen.

Gerne.

Warum habe ich Arcti noch nie wahrgenommen? Nehmen andere Menschen ihren eigenen Arcti wahr?

Wenn Du bewusst zu ihm Kontakt herstellst, wirst Du ihn wahrnehmen. Nur sehr wenige von Euch Menschen nehmen unsere Begleitung wahr.

Gut, dann werde ich das mal machen. Ich habe auch noch eine Frage zu den Seelenfamilien. Wo leben die anderen Mitglieder meiner Familie, die zurzeit auf der Erde inkarniert sind? Wie alt sind sie, und was gibt es noch über sie zu sagen?

Meine Liebe, es ist nicht vorgesehen, dass Ihr einen bewussten Zugang zu diesem Wissen habt. Wüsstet Ihr das, würdet Ihr Euch auf die Suche nach ihnen machen oder bei jedem neuen Menschenkontakt anhand dieser Daten überprüfen, ob es ein Seelenfamilienmitglied sein könnte oder nicht.

Das entspricht jedoch nicht Eurem Seelenplan. Ihr seid aufgerufen, Mitglieder fremder Familien zu lieben und mit ihnen Erfahrungen zu machen. Das erweitert Eure Fähigkeit zu lieben. Eure eigenen Mitglieder trefft Ihr nach beendeten Inkarnationen immer wieder. Diese Liebe besteht bereits.

Wir haben Dir schon gesagt, dass es derzeit eine Art kosmische Amnestie für das Zusammenfinden von Seelenpartnern gibt, um den Dimensionswechsel gemeinsam zu erleben. Dennoch seid Ihr aufgerufen, Eure Liebe zu anderen Menschen und Wesen zu erwecken.

Ich finde es gar nicht so leicht, jeden zu lieben.

Ihr müsst nicht jeden so lieben, wie Ihr Euren Partner oder Eure Kinder liebt. Es genügt, wenn Ihr die Liebe in ihnen erkennen könnt. Die Abwesenheit von Bewertung ist Liebe. Wenn Ihr jemanden so sein lassen könnt, wie er ist, dann kann seine Seele heilen. Das ist Liebe.

Gut, das ist schon leichter, als jemanden aktiv zu lieben. Bei einer Person fällt es mir trotzdem noch nicht so leicht, sie so sein zu lassen, wie sie ist. Ich finde sie halt einfach blöd. Aber sie so sein zu lassen, als sie zu lieben. Ich werde es versuchen. Danke, das war eine schöne Erklärung.

Es freut uns, wenn Du unsere Antworten magst. Hast Du weitere Fragen?

Ja, habe ich. Ihr habt gesagt, dass es ungewöhnlich ist, dass aus einer Neuner-Seelenfamilie sieben derzeit auf der Erde inkarniert sind. Hat das Vorteile oder Nachteile?

Du Liebe, viele von Euch Erwachten sind derzeit mit einem Großteil ihrer Seelengeschwister auf der Erde inkarniert. Ihr habt als Familien diese Entscheidungen getroffen. Wir ordnen diesen Zustand nicht nach Vor- oder Nachteilen ein. Aber um in Eurer Vorstellung zu bleiben, verwenden wir bei dieser Antwort Deine Begriffe. Der Vorteil ist, dass Ihr in diesem Leben mehrere besondere Begegnungen erfahren könnt. In anderen Inkarnationen habt Ihr oft kein oder nur ein Geschwisterteil getroffen.

Nachteilig, um bei diesem Wort zu bleiben, ist, dass Euer innerer Kontakt zu Euren Geschwistern kaum stattfindet, da Ihr alle mit Euch selbst beschäftigt seid. Die Betreuung durch Eure wenigen nichtinkarnierten Geschwister ist geringer als während anderer Inkarnationen. Sie senden Euch selten verschlüsselte Träume. Das ist auch einer der Gründe, warum Ihr Euch bereits vor Eurer Geburt kosmische Helfer aussucht.

Ach so. – Ich bin jetzt müde. Gute Nacht, meine Freunde.

Gute Nacht, Du Liebe, wir erwarten Dich auf unserem Schiff.

Hallo, meine Freunde, ich habe wieder eine Erinnerung an eine Begegnung mit Euch!

Wir begrüßen Dich. Es ist schön für uns, dass Teile unserer Begegnungen in Deinem Bewusstsein bleiben. An was kannst Du Dich erinnern?

Also: Es hat sich angefühlt, als hätte ich auf dem Rücken liegend im Raum geschwebt. Dabei wurde mein Körper in wellenartige Bewegung gebracht, bis er sich so elastisch und weich wie richtige Wasserwellen anfühlte. Danach wurde mein feinstofflicher Körper zwischen Metallwände gestellt, und es wurden ungefähr zweihundert bis fünfhundert patronenähnliche bleifarbene Hülsen von der Größe eines Mittelfingers aus mir herausgesogen. Die Metallwände schienen dabei wie Magneten zu wirken. Anschließend wurde mein Körper mit etwas Durchsichtigem überzogen und versiegelt. Die Patronen kamen von den Wänden aus wieder auf mich zu, prallten jedoch an meiner Oberfläche ab und fielen zu Boden.

Du erinnerst dich gut an unsere Treffen. Der Großteil der Seelen, die uns nachts aufsuchen, hat keinerlei Erinnerung daran. Eine Erinnerung ist auch nicht notwendig, denn die Auswirkungen der Begegnungen gleichen sich. Da Du Dich so gut erinnern kannst, hilfst Du anderen zu verstehen, was nachts passiert, wenn Sie mit ihrem feinstofflichen Körper bei uns sind.

Wir betonen noch einmal, dass jeder Mensch uns mit seinem Wachbewusstsein darum bitten kann, mit seiner Seele zu arbeiten, um ihm den Dimensionswechsel zu erleichtern. Die Seelen, die uns bereits vor Ihrer Geburt kontaktiert haben, kommen auch zu uns, ohne sich dessen bewusst zu sein. Wir handeln stets in größter Liebe und im Einverständnis mit der jeweiligen Seele.

Zu Deiner Erinnerung: Es waren keine Metallwände. Diese Wände sind aus einem Material, das auf der Erde nicht bekannt ist. Die Hülsen, die wir aus Deinem feinstofflichen Körper gezogen haben, hatten keine Funktion mehr für Dein heutiges Leben. Es waren Fraktale ohne Inhalt. Du kannst es Dir so vorstellen, dass Du manchmal auf bestimmte Nachrichten oder Erzählungen emotional reagierst, obwohl Du in diesem Leben damit nichts zu tun hast. Es könnte zum Beispiel sein, dass Du in der Zeitung von einer Vergewaltigung liest und wütend wirst. Du wirst dann wütend, weil irgendwo in Deiner DNS Erinnerungen an Vergewaltigung gespeichert sind. Deine Seele hat dieses Thema aber bereits hinreichend gelöst, so dass diese Fraktale und somit auch Deine Wut nicht mehr nötig sind. Wir haben einige hundert dieser leeren Fraktale gelöscht.

Bedeutet das, dass jetzt ein paar hundert Themen, die ich in irgendwelchen Inkarnationen hatte, ein für allemal abgeschlossen sind?

Abgeschlossen hattest du diese Themen bereits. Wir haben Dir die Freiheit gegeben, dass sie Dich emotional nun nicht mehr tangieren können.

Oh, ich fühle mich schon viel freier. Allein diese Vorstellung befreit mich. Danke! Was kommt als Nächstes? Machen wir so etwas immer nur nachts, oder könnten wir es auch jetzt machen?

Wenn Du möchtest, können wir das auch jetzt machen. Suche Dir eine bequeme Position, schließe die Augen und konzentriere Dich auf uns.

Okay, in fünf Minuten. Ich lege mich noch aufs Bett.

Hallo, ich bin zurück. Es hat geklappt. Ich war bei Euch.

Wir begrüßen Dich und freuen uns, dass Du Deine Energie halten konntest. Was hast Du wahrgenommen?

Ich kann mich daran erinnern, dass ich mit einem von Euch Treppen hinunterging. Wir kamen in einen kugelförmigen Raum, in dem warmer heller Sand lag. In der Mitte lag ein großer goldener ovaler Stein. Er sah so aus wie das Bonbon Werther's Echte, nur viel größer und goldener.

Die runden Wände waren bunt bemalt mit wunderschönen Mustern und Bildern. Es gab auch Goldelemente an den Wänden. Es herrschte eine heilige Atmosphäre in dem Raum. Die Bilder an den Wänden leuchteten abwechselnd auf, während andere jeweils dunkel blieben. Ich glaube, ein paar der Bilder zeigten Motive, die es auch als Kornkreise gibt.

Ich lag auf dem warmen Sand und wurde von dem jeweils leuchtenden Bild angestrahlt. Obwohl es ein helles Licht war, hat es mich nicht geblendet.

Du hast sehr gute Erinnerungen an unsere Treffen. Die Motive der Bilder im Kugelsaal gleichen tatsächlich denen der Kornkreise. Sie unterscheiden sich allerdings in kleinen Elementen.

Die Kornkreise setzen wir auf die Erde, um die Energie der Erde zu lockern und anzuheben. Wenn wir mit Menschen arbeiten, sehen die Formen etwas anders aus, da die Seele der Menschen anders strukturiert ist als die Seele Eures schönen Planeten Gaia, oder Erde, wie Ihr ihn nennt.

Mit diesen leuchtenden Bildern habt Ihr also meine Energie angehoben?

Wir haben die Strukturen in Dir gestärkt, die Deine hohe Energie halten. Wenn Du nun verstärkt höhere Energien um Dich herum wahrnimmst, wirst Du sie besser aufnehmen und wesentlich länger halten können als bisher.

Das ist ja ein tolles Geschenk von Euch. Danke! Können wir noch eine Sitzung abhalten?

Wenn Du möchtest, können wir noch eine Sitzung anschließen. Das sollte dann jedoch die letzte für heute sein. Dein System benötigt eine gewisse Zeit der Anpassung an die jeweiligen Veränderungen, so dass eine zu rasche Abfolge nicht förderlich für Dein Wachbewusstsein ist.

Okay, also dann in fünf Minuten?

Wir erwarten Dich.

Da hattet Ihr jetzt aber eine wunderschöne Überraschung für mich. Danke, danke, danke!

Es hat uns Freude bereitet. Welche Erinnerungen hast Du?

Ich erinnere mich, dass ich, als ich an den Treppenstufen zu Eurem Raumschiff ankam, durch eine durchsichtige Röhre gezogen wurde. Ich flog durch sie hindurch, durch das Dach des Schiffes, durch das All und landete auf Arcturus.

Ich habe sofort gewusst, dass es Arcturus ist. Ihr habt mir erlaubt, dass ich mir eine Landschaft und Umgebung nach meinen eigenen Vorstellungen nur durch meine Gedanken erschaffen darf.

Das kam ein bisschen unerwartet. Ich hatte mir vorher keine Gedanken dazu gemacht. Ich entschied mich dann aber für einen blühenden Garten mit einem klaren See und viel Sonnenschein. Ich habe mir einen liebenswerten Partner erschaffen, der mit mir zusammen dort lebt. Ich habe mich sehr glücklich gefühlt.

Ein bisschen kam es mir vor wie ein Déjà-vu, so als würde ich diese Umgebung, diesen Partner und diesen Planeten bereits kennen.

Das war ein gutes Gefühl, denn es hat Dir die Wahrheit gesagt. Du hast Dich in einer Szene wiedergefunden, die sich vor Deiner Geburt abgespielt hat. Durch Dein eigenes Erschaffen dieser Umstände hat Deine Seele gezeigt, dass sie nach dieser Inkarnation wieder in dieses arcturianische Leben einsteigen möchte.

Wollt Ihr damit sagen, ich war mal ein Arcturianer?

Du warst vor Deiner Geburt auf Arcturus inkarniert. Und Du bist es auch jetzt. Die Szene, die Du für kurze Zeit erlebt hast, endete im Moment Deiner irdischen Inkarnation und wird nach Deinem irdischen Tod dort weitergelebt.

Ich habe schon in der neunten Dimension gelebt und bin wieder auf die Erde in die dritte Dimension zurückgekehrt?

Dir fehlten noch einige Erlebnisse in der dritten Dimension, die für Deinen Aufstieg nicht nötig waren, die Du aber gerne nachholen wolltest. Hierzu war es erforderlich, dass Du Deine Herkunft vergisst und tief in die Probleme der dritten Dimension eintauchst. Du hast ein irdisches Karma und eine irdische DNS gewählt, um Deine Erfahrungen als wahr zu erleben.

Viele von Euch Menschen waren bereits auf Arcturus. Jeder Heiler unter Euch hat Inkarnationen auf unserem schönen Planeten gehabt. Eure Heilenergie kommt von unserem Planeten.

Sind wir denn jetzt Menschen oder Arcturianer?

Ihr seid Seelen. Und Ihr inkarniert nicht immer auf demselben Planeten.

Sind eigentlich derzeit viele Arcturianer auf der Erde?

Zehntausende von uns sind derzeit als Walk-Ins bei Euch.

Was ist ein Walk-In?

Bei einem Walk-In befindet sich nicht nur Eure Seele, sondern auch die Seele eines anderen Wesens in Eurem Körper. In diesem Fall die Seele eines Arcturianers.

Das ist ja gruselig. Sind die Menschen dann schizophren?

Ihr könnt es Euch so vorstellen, dass in Euren Häusern manchmal ein Mensch, manchmal mehrere Menschen leben. Mit den Körpern ist es auch so. Meistens bemerkt Ihr diese Art des Zusammenlebens gar nicht.

Es ist ein kosmisches Gesetz, dass sich immer die weniger entwickelte Seele an die höher entwickelte anpasst. Bei einer derartigen Nähe passt sich Eure Seele folglich nach und nach an unsere Frequenz an.

Es ist so, als ob Ihr Euch dauerhaft auf einen Energieplatz legen würdet. Natürlich haben Eure Seelen ihr Einverständnis dazu gegeben.

Woran kann man erkennen, ob man einen Mitbewohner hat?

Ihr könnt es nicht erkennen. Ihr habt die freie Wahl, mit Eurem Wachbewusstsein eine Mitteilung zu machen, dass Ihr ein solches Zusammenleben in Eurem Körper nicht wünscht.

Die Wahrscheinlichkeit, dass Menschen, die von arcturianischen Walk-Ins erfahren, einen Mitbewohner haben, wie Du es ausdrückst, ist sehr hoch.

Danke für Eure Auskunft. Ich werde mir mal überlegen, ob ich eine Ausladung für so ein Zusammenleben ausspreche.

Also ein persönlicher Arcti und dazu auch noch ein Mitbewohner. Ihr seid ja omnipräsent. Gibt es auch andere Formen, in denen Ihr auf der Erde in Erscheinung tretet?

Selten nehmen wir die Gestalt eines menschlichen Körpers an. Wenn wir es tun, dann immer nur für kurze Zeit, da unser Energieverlust ansonsten zu hoch wäre und wir unsere Kraft verlieren würden. Wir nehmen eine menschliche Gestalt nur in Notfällen an, um jemanden von Euch Erwachten zu warnen oder an einer bestimmten Handlung zu hindern, die weitreichende Folgen hätte, die für Eure Entwicklung aber nicht mehr nötig ist.

Ich kann mich in meinem Leben nicht an so eine Rettungsaktion erinnern. Habt Ihr ein Beispiel dafür?

Wir haben auch in Deinem Leben einmal eingegriffen.

Wirklich? Wann war das denn?

Spüre mal in Dich hinein, vielleicht fällt Dir die Situation ein.

Nein, keine Ahnung.

In diesem Fall dürfen wir Dir nicht verraten, wann wir eingegriffen haben.

Habt Ihr vielleicht ein Beispiel von jemand anderem?

Heute Nachmittag, nach Eurer Zeitrechnung, haben wir eine Mutter daran gehindert, ihr Kind zu würgen, indem wir in Erscheinung ihrer Nachbarin bei ihr geklingelt und um Zucker gebeten haben. In der Zeit, in der die Nachbarin (also einer von uns) bei ihr war, hat ihre Seele sich an ihren Seelenplan erinnert und gewusst, dass die Erinnerung an Kindestod bereits transformiert ist.

Manchmal kommt es vor, dass eine Seele noch fraktale Erinnerungen an bereits gelöste Themen in der DNS hat, die, wenn eine Aufmerksamkeit darauf gegeben wird, noch einmal erlebt werden können. Diese Frau hatte jedoch einen anderen Seelenplan. Sie ist sehr weit entwickelt und wird aktiv am Dimensionswechsel teilnehmen.

So wie mit den leeren Hülsen, die Ihr aus mir herausgesogen habt? Wenn ich meine Aufmerksamkeit auf diese Themen gerichtet hätte, hätte ich sie, obwohl sie bereits gelöst waren, noch einmal erleben können, richtig?

Du hast es gut verstanden.

Bei Eurem Beispiel wird mir aber angst und bange. Ich kann mich nicht erinnern, dass ich einmal kurz davor stand, jemanden umzubringen. Vielleicht mal so in Gedanken, aber nicht mit einem konkreten Handlungsimpuls.

Nein, bei Dir haben wir in einer gänzlich anderen Situation eingegriffen.

Aber das braucht Ihr jetzt nicht mehr, weil ja meine Hülsen weg sind, stimmt's?

Wir lieben Dich, Du hast es verstanden.

Ich kann mir vorstellen, dass jeder, der das jetzt liest, auch unbedingt seine Hülsen weg haben möchte. Was könnt Ihr den Menschen raten?

Seid ganz beruhigt. Jeder, der uns um Unterstützung bittet, erfährt unsere Anwendungen des Nachts. Wenige von Euch werden sich erinnern, aber wir versprechen Euch, dass wir bei Euch sind und mit Euren Seelen arbeiten.

Ich finde Euch toll. Danke, danke, danke! – Jetzt geh ich schlafen, die Sitzungen mit Euch haben mich doch ein wenig müde gemacht.

Schlaf gut, Du Liebe. Heute Nacht treffen wir uns nicht.

Hallo, hallo, hallo!

Hallo, Du Liebe. Bist Du aufgeregt?

Ja. Es sieht so aus, als ob ich bald einen Mini habe. Ich dachte immer, ich kann ihn nur gewinnen oder so, aber es war jetzt alles ganz einfach.

Berichte doch mal, was passiert ist.

Okay, ich glaube zwar, dass Ihr das schon alles wisst, weil Ihr ja immer bei mir seid, aber ich schreibe es jetzt trotzdem mal. Also: Mein altes Auto ist nicht durch den TÜV gekommen. Damit habe ich nicht gerechnet, ich dachte, es sei prima in Schuss. Danach war ich in zwei Werkstätten. Die eine erschien mir sehr überteuert und ich fühlte mich dort auch nicht wohl, und in der zweiten sagte man mir, dass man den Wagen nicht reparieren könne, weil man keine geeigneten Ersatzteile habe.

Ich war dann ein paar Stunden schlecht gelaunt. Ich dachte: »Das gibt es doch gar nicht. Keiner will mein Auto reparieren.« Bis mir einfiel, dass ich einen Abend zuvor eine E-Mail von einem Freund bekommen hatte, der mir ausführlich über eine Leasingfinanzierung berichtete. Als ich die E-Mail las, dachte ich, dass ich niemals ein Auto leasen würde. Ich hatte aber auf einmal so ein Gefühl, dass er mir das nicht zufällig geschrieben hatte. Und so habe ich mir im Internet angeschaut, welche Minis in meiner Nähe günstig zu leasen sind. Ich habe auch sofort einen gefunden, der in der Leasingrate genau so hoch ist wie eine Ratenzahlung, für die ich genau in diesem Monat die letzte Rate gezahlt habe. Also kostet er mich keinen Cent extra, wenn man es so sehen möchte.

Ich habe auch schon eine Probefahrt mit dem Mini gemacht, und ich war begeistert. Aber ich konnte nicht sofort zusagen, es erschien mir alles viel zu einfach. Morgen habe ich einen zweiten Termin im Autohaus, und dann werde ich den Vertrag unterzeichnen.

Wir freuen uns mit Dir und gratulieren Dir zu Deiner Realitätsgestaltung. Weißt Du, wie Du Dir den Mini erschaffen hast?

Hm. Ich muss ein bisschen überlegen ...

Am Anfang wusste ich nur, dass ich ein neues Auto haben möchte. Ich wusste aber nicht, welches. Irgendwann war mir klar, dass ich mir schon einen konkreten Wagen aussuchen sollte, damit ich ihn mir besser erschaffen kann.

Ich habe sehr lange überlegt, denn im Grunde interessiere ich mich überhaupt nicht für Autos. Auf der Straße sind mir dann aber immer rote Minis aufgefallen, und da habe ich entschieden, dass ich genau so einen haben möchte. Dass diese Autos teurer als Kleinwagen anderer

Marken sind, wusste ich erst gar nicht, ich wusste noch nicht einmal, wer diese Minis herstellt.

Als ich erfuhr, dass BMW die Minis baut, habe ich dort Prospekte angefordert, die ich aber nie erhalten habe. Zum Glück hatte ich einem Freund erzählt, dass ich mir ab sofort einen Mini wünsche. Er war auf einer Autoausstellung und hat mir ein Faltblatt mit schönen Bildern von Minis mitgebracht. Das habe ich an meinen Kühlschrank gehängt. Ich hatte es also ständig im Blickfeld.

Derselbe Freund hatte mir auch ein Bild von einem roten Mini auf mein Handy gesendet. Dieses Bild hatte ich als Hintergrundbild gespeichert, so dass mein erster und letzter Blick des Tages jeweils auf diesen roten Mini fiel.

Dann habe ich angefangen, überall herumzuerzählen, dass ich mir einen Mini wünsche und bald einen haben werde. Meine Mutter hat ganz sachlich gefragt, wie ich den denn finanzieren will. Ich hatte ihr nur geantwortet: »Ich wünsche ihn mir ganz einfach.«

In der Folgezeit habe ich ständig rote Minis auf den Straßen gesehen, und jedes Mal dachte ich, dass ich bald auch so einen habe.

Irgendwann habe ich es gar nicht mehr in Frage gestellt, ob ich einen Mini bekomme. Ich war mir ganz sicher. Ich war aber davon überzeugt, dass ich den Mini oder das Geld dafür gewinne. Dass er auf einem so normalen Weg zu mir kommt, hätte ich nicht erwartet. Ich war auch felsenfest davon überzeugt, dass mein altes Auto auf jeden Fall durch den TÜV kommt.

Diese Wunscherfüllung war jetzt gar nicht so spektakulär, wie ich es mir immer vorgestellt hatte.

Bist Du glücklich über Deinen Mini?

Noch ist es ja nicht mein Mini, aber ab morgen wird er es sein. Ob ich glücklich damit bin? Als ich die Probefahrt gemacht habe, war ich *sehr* glücklich, weil ich die ganze Zeit dachte, dass ich gerade meinen Wunsch lebe.

Ein bisschen bin ich aber auch traurig, weil ich es noch lieber gehabt hätte, dass der Mann, den ich für meinen Seelenpartner halte, an meiner Seite wäre, statt dass ich ein neues Auto habe.

Das ist etwas, was Ihr in der nächsten Dimension erfahren werdet. Ihr werdet bemerken, dass die Besitztümer, die Ihr Euch immer schneller erschaffen könnt, Euer Herz nicht so stark erfreuen können wie die Liebe.

In der fünften Dimension lernt Ihr nicht nur, wie Ihr Gegenstände in Euer Leben zieht, sondern ein Großteil der Lernaufgaben wird darin bestehen, Liebe dort zu erschaffen, wo Abwesenheit von Liebe vorherrscht. Ihr lernt dann, wie Ihr Eure Liebe zu Euch selbst, zu anderen Wesen, zu Allem-was-ist wieder an die Ur-Liebe des Seins anbinden könnt, und Ihr lernt, wie Ihr die Liebe in anderen Kreaturen, die von der Liebe weit entfernt sind, pflanzen und nähren könnt. Ihr lernt, wie Ihr in von der Liebe abgewandten Seelen die Erinnerung an die kosmische göttliche Liebe wachrufen und so für alle Wesen einen Weg zurück zur Liebe möglich machen könnt.

Wie geht das? Die Erinnerung an Liebe erwecken. Ich kenne ein paar Personen, denen täte das wohl ganz gut. Nun ja, vielleicht täte es mir selbst auch gut.

Das zu lernen wird eine zentrale Aufgabe in den nächsten 26.000 Jahren für Euch sein. Das würde den Rahmen unserer Unterhaltung sprengen. Ihr könntet unsere Worte verstehen, aber Ihr könntet es noch nicht umsetzen.

Wir geben Euch ein kleines Beispiel, damit Ihr ahnen könnt, wie Ihr in der Lage sein werdet, die Erinnerung an die Liebe in anderen Seelen zu erwecken. Kennst Du die Geschichte »Heidi« von Johanna Spyri?

Ja natürlich, die kennt doch jeder. Heidi wird als Kind zu ihrem griesgrämigen Opa gebracht, der zurückgezogen auf einer Alm lebt und sich nach und nach an Heidi gewöhnt und am Ende gar nicht mehr so griesgrämig ist.

Was glaubst Du, war der Grund dafür, dass der Großvater von seiner Griesgrämigkeit abgelassen hat?

Na, dass Heidi einfach ein lebendiges Kind mit dem Herz am rechten Fleck war und der Großvater Heidi einfach lieben musste und so selbst ein bisschen lebendiger wurde.

Was hat Heidi also für die Verwandlung des Großvaters getan?

Gar nichts. Sie war einfach so, wie sie ist.

Jetzt hast Du eine Vorstellung davon, wie Ihr die Liebe in anderen erwecken könnt. Ihr werdet die Liebe immer mehr in Euch selbst integrieren, und je mehr Ihr dies tut, desto größer ist Euer Einfluss auf andere. Wenn Ihr in der Liebe seid, wird sich jede Kreatur, die Euch begegnet, an die Liebe erinnern. Das ist ein kosmisches Gesetz. So sorgt Ihr durch Euer Sein für die Verbreitung der Liebe.

Das klingt einfach. Es erinnert mich an einen Abschnitt in einem Buch von Byron Katie. Sie hatte sich immer darüber aufgeregt, dass ihre Kinder überall ihre Socken liegen ließen, und diese dann sehr verärgert hinter ihnen hergeräumt. Irgendwann kam ihr der Gedanke, dass, wenn sie die Socken sowieso wegräumen muss, sie dies ja auch fröhlich statt verärgert tun könnte. Sie räumte also fortan die Socken ihrer Kinder fröhlich beiseite. Und es hat nicht lange gedauert, da fingen ihre Kinder an, freiwillig und gut gelaunt, ihre Socken selber wegzuräumen.

Das ist ein schönes Beispiel. Wir glauben, Du hast verstanden.

Ihr habt gesagt, dass wir immer mehr in die Liebe kommen. Darauf freue ich mich.

Du Liebe, wir freuen uns auch, wenn wir beobachten, dass die Erde nach und nach wieder ein Planet der Liebe wird. Ihr habt unsere volle Aufmerksamkeit und Unterstützung.

Aber Ihr lernt nicht nur, in den Zustand der Liebe zu kommen. Ihr lernt auch, wie Ihr Euch bewusst Stimmungen erschaffen könnt.

Habt Ihr dafür ein Beispiel? Man kann ja wohl sicherlich nicht, wenn man traurig ist, einfach beschließen, ab jetzt glücklich zu sein, oder?

Wenn Ihr Eure Lebensaufgaben löst, dann werdet Ihr auch das können. Vorher werdet Ihr Erfahrungen sammeln, die Euch bewusst machen, warum Ihr welches Gefühl erschafft.

Wie meint Ihr das? Wenn ich traurig bin, bin ich traurig, das suche ich mir ja nicht aus. Oder?

Euer Bewusstsein dafür, dass Ihr Euch Eure Gefühle selbst erschafft, wird immer größer werden.

Habt Ihr ein paar Beispiele für die Gründe, warum wir bestimmte Gefühle in uns herbeiführen?

Du hast gerade von Trauer gesprochen. Was glaubst Du, könnte der Grund dafür sein, dass Du Dir ein solches Gefühl erschaffst?

Gute Frage. Jetzt denke ich mal an Liebeskummer. Ich bin traurig, weil eine Partnerschaft zerbrochen ist. Warum mache ich mir also ein trauriges Gefühl? Vielleicht, um zu kapieren, dass das jetzt nicht mehr der richtige Weg ist?

Du hast ein gutes Gespür. Ihr empfindet Trauer, damit Ihr von Eurem ursprünglichen Ziel loslasst und Euch ein neues Ziel sucht.

Das klingt so nüchtern. So gefühllos.

Wenn Ihr die Bedeutung Eurer Gefühle kennt, lernt Ihr sie zu verstehen und anzunehmen. Später werdet Ihr Eure Gefühle bewusst erschaffen können. Das könnt Ihr bereits jetzt, aber es ist Euch meistens nicht bewusst.

Wie können wir ein Gefühl einfach so aus dem Nichts erschaffen? Angenommen, ich bin sehr traurig und möchte stattdessen lieber Freude empfinden. Wie kann ich das anstellen?

Die Möglichkeiten, die Euch im Moment zur Verfügung stehen, gehen alle über eine bewusste Entscheidung. Am leichtesten ist es für Euch, wenn Ihr beim Wechsel von einem unguten zu einem schönen Gefühl über ein neutrales Gefühl geht.

Wenn Ihr also traurig seid, könnt Ihr Euch bewusst machen, dass Trauer bedeutet, von Eurem Ziel abzulassen. In dem Moment, in dem Ihr Euch fragt, was Euer neues Ziel sein könnte, seid Ihr bereits bei einem neutralen Gefühl angekommen. Wenn Ihr ein neues Ziel gefunden habt, könnt Ihr Freude empfinden, denn Freude auf oder über etwas ist die Abwesenheit von Trauer.

Ich könnte also sagen, ich solle mich gedanklich von meinem Expartner abwenden und mir überlegen, welche Eigenschaften mein neuer Partner haben sollte? Meint Ihr das so?

So in etwa. Ihr werdet lernen, diese Schritte bewusst wahrzunehmen und zu steuern. Eine andere Möglichkeit ist, dass Ihr, unabhängig von Eurer momentanen Stimmung, beschließt, ein bestimmtes Gefühl zu empfinden, dann einfach zum Beispiel in die Hände klatscht und dieses Gefühl wahrnehmt.

Wenn ich jetzt Liebe spüren möchte, kann ich einfach den Beschluss fassen, in die Hände klatschen, und dann empfinde ich Liebe?

Du könntest es einmal ausprobieren.

Das klappt ja! Ich habe es gerade gemacht. Ich war auf einmal ganz entspannt und habe wirklich die Schwingung der Liebe gefühlt. Danke für diesen tollen Tipp. Das ist ja ein Turbobeschleuniger für Gefühle. Das ist so einfach.

Habt Ihr noch andere Beispiele für die Gründe, warum wir uns bestimmte Gefühle erschaffen?

Welches Gefühl interessiert Dich?

Frust.

Wann empfindest Du Frust?

Nun ja, wenn etwas nicht klappt. Als das jetzt mit meinem auserwählten Partner nicht geklappt hat, war ich zwar nur kurze Zeit traurig, aber danach war ich ein wenig gefrustet. Frust fühlt sich anders an als Trauer. Was ist die Bedeutung von Frust?

Es freut uns, wenn Du erkennen kannst, dass Frust ein anderes Gefühl als Trauer ist. Frust ist nicht dazu da, Euer Ziel aufzugeben, sondern um die Art zu ändern, mit der Ihr Euer Ziel erreichen wollt. In Deinem Fall war nicht dieser bestimmte Mann Dein Ziel, sondern eine schöne Partnerschaft. Du darfst also anhand Deines Gefühls Frust erkennen, dass Du an dem Ziel schöne Partnerschaft festhalten kannst, aber vielleicht einen anderen Menschen dazu aussuchen solltest.

Das klingt alles sehr pragmatisch. Tatsächlich war ich auch nicht sehr lange gefrustet. Der Frust wurde abgelöst durch Tatendrang. Ich habe meine Wohnung verschönert, Dinge erledigt, die ich vor mir hergeschoben hatte, und ich habe nach neuen Wegen gesucht, neuen Menschen zu begegnen. Wenn ich das jetzt mit Eurer Aussage vergleiche, bemerke ich, dass der kurze Frust wahrhaftig dazu gedient hat, mein Ziel zu behalten, aber einen anderen Weg zum Ziel zu suchen. Es war mir allerdings nicht bewusst, dass der Frust der Auslöser für meinen Tatendrang war. Dann kann ich ja richtig dankbar sein, dass ich dieses Gefühl hatte. Sonst wäre ich vielleicht gar nicht so aktiv geworden.

Wenn Ihr alle Eure Gefühle lieben könnt, weil Ihr in allen Gefühlen sehen könnt, dass Sie Euch liebevoll darin unterstützen, Eure Ziele zu erreichen und die Liebe zu leben, dann können sich alle Eure Gefühle transformieren, und Ihr erlebt unangenehme Gefühle nur noch, wenn Ihr sie bewusst wählt.

Oh. Das ist ja eine besonders schöne Aussicht. Ich will noch mehr über Gefühle erfahren. Was ist zum Beispiel mit Euphorie? Woher kommt sie, und was bedeutet sie?

Euphorie empfindet Ihr, wenn Ihr noch höhere Ziele erreicht habt, als Ihr erwartet habt, wenn Eure Erwartungen bei Weitem übertroffen werden.

Es macht mir Spaß, Gefühle so genau einordnen zu können. Damit sind sie weniger willkürlich. Sie werden etwas berechenbarer und somit auch veränderbarer. Das ist ein großer Schlüssel für schöne Gefühle.

Was ist mit dem großen Gefühl Schuld? Darüber habe ich mir schon sehr lange und oft den Kopf zerbrochen. Ich habe überlegt, ob Schulden von Schuld kommen und ob Schuld wohl karmisch ist.

Das Gefühl Schuld wird von Euch eingesetzt, damit Ihr etwas Bestimmtes nicht noch einmal macht. Ihr manipuliert Euch damit. Ihr habt in einer bestimmten Situation von Eurer Freiheit Gebrauch gemacht. Ihr habt eine Entscheidung getroffen, Ihr habt Eure Meinung gesagt oder Ihr habt Euren Willen durchgesetzt. Ihr habt irgendetwas getan oder unterlassen, wodurch ein anderes Wesen Schaden erlitt. Weil Ihr von dieser Seele jedoch nicht bis in alle Ewigkeit gehasst, sondern am Ende sogar geliebt werden wollt, erschafft Ihr Euch das Gefühl der Schuld, damit Ihr die gleiche Tat nicht wiederholt.

Ein Schuldgefühl ist immer auch der Wunsch nach Vergebung. Indem Ihr Euch schuldig, also schlecht fühlt, tragt Ihr einen Teil der Schuld ab. Ihr fühlt Euch schuldig, um negative Konsequenzen zu vermeiden. Wenn der andere sieht, dass Ihr selbst dafür sorgt, dass es Euch schlecht geht, wird er Euch weniger oder gar nicht bestrafen, glaubt Ihr. Das ist die Funktion von Schuld. Natürlich ist dieses Gefühl auch inkarnationsübergreifend, und selbstverständlich kommen Schulden auch von einem Schuldgefühl.

Heißt das, wenn ich mir der Funktion des Schuldgefühls bewusst werde, habe ich eine reale Chance, schuldenfrei zu werden?

So ist es.

Ich bin ja schon fast schuldenfrei, ich glaube, ich habe mir die letzten Jahre gute Gedanken dazu gemacht. Aber um es mal zusammenzufassen: Wenn ich meine Schuld(en) loswerden möchte, dann mache ich mir am besten klar, dass ich sie habe, um mich selbst zu bestrafen, damit mich kein anderer mehr bestraft. Aber das ist ja blöd. Als ob das einen anderen interessieren würde. Dann bestrafe ich mich lieber nicht mehr selbst, sondern gönne mir etwas Schönes. Was andere dann machen, können sie ja trotzdem machen.

Kannst Du Dich an das Gesetz der Resonanz erinnern?

Ja, natürlich. Aaaah, ich glaube, ich verstehe. Wenn ich gut zu mir selbst bin, dann sind andere auch gut zu mir? Heißt das, dass, indem ich mir selbst Gutes tue, ich meine Schuld/Schulden nach und nach zum Verschwinden bringe?

Du hast es verstanden.

Oh, das ist aber eine schöne Methode. Sich einfach nur Gutes tun, statt als Galeerensklave sein Leben zu verbringen. Oh, ich liebe diese Unterhaltungen mit Euch. Danke! Danke! Danke! Danke!

Und wir lieben die Unterhaltungen mit Dir. Wir lieben Dich, und wir lieben jeden von Euch! Es freut uns sehr, dass Ihr uns diese Fragen stellt. Denn es sind nicht nur Deine Fragen. Du stellst auch die Fragen derjenigen, die dieses Buch lesen.

Das kann schon sein. Meistens setzte ich mich einfach nur hin und schreibe nach Diktat, wie mir scheint.

Ich habe dann noch eine Frage zum Karma. Kann ich tatsächlich Karma abbauen, indem ich mich anders verhalte? Also angenommen, ich habe aristokratische Leben geführt, in denen ich andere Menschen ausgebeutet habe. Auf die Weise habe ich mir für dieses Leben ein Umfeld mit Schulden aufgebaut, damit die Seelen, denen ich geschadet habe, mir keinen weiteren Schaden zufügen, weil sie sehen, dass ich bereits bestraft genug bin. Wenn ich nun anfange, die Geschichte der Schuld nicht mehr zu leben, sondern mir immer mehr Gutes tue, löse ich mein Karma dann so vollständig auf, dass die Seelen, denen ich geschadet habe, das auch verstehen und mich von bösen Übergriffen verschonen?

Du Liebe. Wie hast Du Dein bisheriges Leben erlebt? Zu der Zeit, als Du die meisten Schulden hattest, waren die Menschen eher wohlwollend oder eher gemein in Bezug auf Geld zu Dir?

Die waren gemein und haben mich reingelegt.

Und nun, da Deine Schulden fast aufgelöst sind, wie sind die Menschen nun zu Dir?

Jetzt hat es sich gewandelt. Ich habe das Gefühl, dass die Menschen mich unterstützen und ehrlich zu mir sind.

Du siehst, wenn Du selbst die Geschichte von Schuld in Dir trägst, ziehst Du Menschen an, die genau diese Geschichte, die Du von Dir denkst, unterstützen. Diese Menschen sind nicht weniger in der Liebe als Du. Es sind Menschen, die in ihrer DNS Erinnerungen an Unterdrückung haben. Wenn Ihr Euch begegnet, erkennen Eure Seelen, dass hier eine Gelegenheit ist, Erfahrungen zu machen, die Euch helfen, Euer Karma bewusst zu machen und so schließlich aufzulösen.

Ihr macht diese Erfahrungen immer und immer wieder. Viele Leben lang habt Ihr diese Erfahrungen ohne jegliches Bewusstsein gemacht. Ihr habt immer beide Seiten der gleichen Sache erlebt. Wenn Ihr in einem Leben vergewaltigt habt, wurdet Ihr in einem anderen Leben vergewaltigt. Wenn Ihr in einem Leben ausgebeutet habt, wart Ihr in einem anderen Leben ein Ausbeuter. In Eurer DNS habt Ihr zwei DNS-Stränge. Auf jedem Strang sind die gleichen Erinnerungen wie auf dem anderen gespeichert. Die Themen, die Ihr noch zu lösen habt, sind auf jedem Strang entgegengesetzt polarisiert. Deshalb seid Ihr unruhig, solange nicht der Großteil aller Erinnerungen auf beiden DNS-Strängen gleich gepolt ist. Wenn alle Erinnerungen auf Euren DNS-Strängen gleich sind, seid Ihr im Frieden und in der Liebe.

Solange Ihr noch unterschiedlich polarisierte Erinnerungen auf Eurer DNS habt, seid Ihr unruhig und bestrebt, nach Erfahrungen zu suchen, die Euch diese Erinnerungen bewusst machen. Wenn Ihr im Bewusstsein seid, dass Ihr alles, was Ihr erlebt, selbst verursacht habt, und dann Eurer Verhalten ändert, gleichen sich die Erinnerungen auf Euren DNS-Strängen an, und Ihr könnt Liebe und Frieden fühlen.

Es war notwendig, diese Erfahrungen so lange zu wiederholen, bis Euer Bewusstsein versteht, dass Karma einzig und allein das

Gesetz von Ursache und Wirkung ist. Wenn Ihr das erkannt habt, seid Ihr bereit, Euer Verhalten zu ändern und Karma abzubauen. Diese Wirkung ist inkarnationsübergreifend. Natürlich könnt Ihr auch Karma abbauen, das Ihr in diesem Leben verursacht habt.

Seltsam, dass ich durch Bewusstwerden und Verhalten meine DNS verändern kann. Wenn das die Wissenschaftler wüssten, würden sie vielleicht etwas anders forschen. Können wir Menschen denn wirklich Krankheiten verhindern, wenn Wissenschaftler unsere DNS verändern?

Du Liebe, was weißt Du über die Entstehung von Krankheiten?

Ich weiß, dass eine Krankheit zuerst in der Aura des Menschen ist, bevor sie körperlich wahrgenommen wird. Ich weiß, dass bestimmte Krankheiten eine bestimmte Symbolik haben. Wenn ich zum Beispiel meinen Fuß verletzt habe, könnte das bedeuten, dass ich innehalten oder ruhiger werden sollte oder dass ich auf dem falschen Weg bin. Ich weiß, dass körperliche Krankheiten Ausdruck der Seele sind, dass jede Krankheit eine Bedeutung hat. Ich weiß, dass man, wenn man die seelische oder karmische Ursache der Krankheit gefunden hat, die Krankheit heilen kann.

Jetzt fragen wir Dich: Wenn Eure Wissenschaftler Eure DNS so verändern, dass Ihr die Krankheit nicht mehr bekommen könnt, was wäre die Folge?

Gute Frage. Vermutlich sucht sich die Seele dann einen anderen Ausdruck, um sich dieses Karma oder diese Krankheitsursache bewusst zu machen.

Du hast das Prinzip von Ursache und Wirkung verstanden. Es ist nicht möglich, durch mechanisch-medizinische Methoden in Euer Seelenleben einzugreifen. Die Seele ist wie das Wasser. Beide suchen sich immer ihren Weg.

Aber Ihr greift doch auch in unsere DNS ein. Ihr habt doch auch gesagt, dass es jetzt eine Amnestie gibt, dass wir uns nicht mehr alles bewusst machen müssen, sondern dass Ihr auch Erinnerungen auf unserer DNS transformieren könnt, die nicht vollständig über unser Bewusstsein laufen.

Das ist ein guter Einwand. Zunächst einmal möchten wir bemerken, dass keine Seele, die als Mensch inkarniert ist, Eure DNS so verändern kann, dass Eure Seele an ihren Erfahrungen gehindert wird. Es gibt derzeit nur zwei Instanzen, die Euren Seelen eine Amnestie anbieten können.

Ihr und die Weiße Schwestern- und Bruderschaft, ja?

So ist es. Selbstverständlich geschieht diese Amnestie nicht willkürlich. Alles ist mit Euren Seelen abgesprochen. Natürlich ist es nicht möglich, für eine Seele ein Thema vollständig zu transformieren, wenn sie noch nicht ausreichend Erfahrungen damit gesammelt hat.

Wenn wir also bei einer Seele das Thema Armut/Reichtum transformieren, so hat diese Seele bereits Hunderte von Inkarnationen mit diesem Schwerpunkt gehabt. Sie hat viele Inkarnationen in Armut und viele in Reichtum erfahren. Sie hat Ursachen gesetzt und die Auswirkungen erlebt. Wenn wir bei der Transformation dieses Themas eine Unterstützung anbieten, dann prüfen wir, ob diese Erfahrungen ausreichend im Bewusstsein verankert sind. Denn nur dann dürfen wir eingreifen und helfen.

Stellt es Euch so vor wie eine Abiturprüfung. Wir stellen Euch das Zeugnis aus, weil Ihr jahrelang gute Schüler wart, weil Ihr Eure Lektionen gelernt habt und den Unterrichtsstoff verstanden und verinnerlicht habt. Es ist nicht notwendig, noch ein Schuljahr anzuhängen, in dem nur Euer Wissen in Klausuren und Prüfungen abgefragt wird. Wir wissen, wie weit Ihr seid. Ihr seid reif und weit genug, um an dem Dimensionswechsel teilzunehmen. Die Seelen, die sich dafür entscheiden, die Themen komplett abzuschließen, die also auch noch die Klausuren schreiben möchten, vollziehen Ihren Dimensionswechsel später. Es ist nicht schlechter oder besser. Die Amnestie ist nur eine Möglichkeit, jetzt am Wechsel teilzunehmen.

Ihr könnt davon ausgehen, dass all jene, die dieses Buch in den Händen halten, ausreichend bewusst sind, um von der Amnestie zu profitieren.

Ein bisschen klingt das so, als ob wir alle nicht rechtzeitig fertig geworden sind und deshalb von oben eingegriffen werden muss, damit überhaupt ein paar Seelen beim Wechsel dabei sein können.

Du Liebe, jede Seele von Euch hat sich wundervoll entwickelt. Es gibt keine Fehler in dieser Entwicklung. Die Amnestie ist Teil des Plans.

Das beruhigt mich etwas ...

Wenn ich so darüber nachdenke, was Ihr uns sagt, dann bedeutet das doch, dass unser Leben ab jetzt viel angenehmer wird, wenn Ihr mit unseren Seelen und unserer DNS arbeitet, weil sich immer mehr Themen transformieren und wir immer weniger belastende Situationen anziehen, oder?

Du hast es verstanden.

Oh, ich habe Vorfreude auf ein schönes Leben. Danke!

Wir lieben Dich!

Danksagung

Ich danke Thomas Kolkmann, der mir den entscheidenden Tipp für die äußere Form des Buches gab.

Ich danke Cornelia Sirringhaus, die mir von der Existenz der Arcturianer erzählt hat.

Ich danke meiner Schwester Stephanie Pante, die immer an mich glaubt.

Ich danke meinem Bruder Holger Pante, der mir ein reiches Spektrum an Erfahrungen geschenkt hat.

Marlies Pante

Geboren 1968, wuchs sie mit zwei jüngeren Geschwistern in einer ostwestfälischen Kleinstadt auf. Nach dem Abitur erlernte sie einen kaufmännischen Beruf und studierte im Anschluss daran erfolgreich Mathematik, Germanistik und Theologie in Paderborn. Schon während des Studiums spürte sie, dass sie einmal einen anderen Weg einschlagen würde, und verzichtete auf eine Anstellung im Lehramt. Vor mehr als zehn Jahren begab sie sich dann in die Selbständigkeit und führt seitdem ein modernes Antiquariat sowie einen Online-Shop für Esoterik-Artikel.

Bereits seit 1984 beschäftigt sie sich mit alternativen Heilmethoden. Ihre innere Stimme führte sie in die Spiritualität und zu einer Verbindung mit geistigen Wesen. Sehr bald wurde ihr klar, dass sie das dort erlangte Wissen nicht für sich behalten durfte, sondern mit anderen Menschen teilen musste. Gemeinsam mit Freundinnen entwickelte sie nach Anweisungen durch die Geistwesen eine Form der Quantenheilung, die sie seitdem erfolgreich praktiziert.

EVOLUTION DER MENSCHHEIT
Neue Botschaften von Mutter Erde

Eine Leseprobe aus dem Buch
von Pepper Lewis

AMRA

Bist du wirklich Mutter Erde?

Ja. Ich bin das, was diesen Himmelskörper mit Seele oder Spürbewusstsein erfüllt.

Warum nennt man dich Gaia?

Das ist ein beschreibender Name, der auf die alten Griechen und Römer zurückgeht. Die Personifizierung, die mit ihm einhergeht, lässt offenbar das Gefühl entstehen, leichter an mich heranzukommen. Sie erlaubt einem sozusagen, auf Du und Du zu sein. Ich hänge nicht an diesem Namen. Du kannst dem Spürbewusstsein, das mich ausmacht, auch einen anderen Namen geben, wenn du möchtest – einen, der dir besser gefällt.

Was ist ein Spürbewusstsein?

In diesem Fall geht es um das Bewusstsein und zugleich Gewahrsein dieses Planeten. Das, was weiß, was fühlt und sich bis in und durch jedes Teilchen der materiellen und nichtmateriellen Erde erstreckt.

Inwiefern ist der Planet nichtmateriell?

Alles ist materiell und nichtmateriell. Die Tatsache, dass ihr die materielle Beschaffenheit der Dinge mit euren Sinnen erfassen könnt, schließt nicht aus, dass sie auch von nichtmaterieller Beschaffenheit sind.

Wenn also ein Planet wie du mit mir reden kann, heißt das dann, dass du quasi so etwas wie Gott bist?

Nein, das bin ich nicht. Sowohl du als auch ich haben gottähnliche Qualitäten, auf die wir zurückgreifen können, und dazu gehört auch die Fähigkeit, auf Wegen zu kommunizieren, die allgemein als übersinnlich oder paranormal angesehen werden.

Warum solltest du überhaupt mit mir reden wollen? Hast du nichts Wichtigeres zu tun?

Für alles, was es zu tun gilt, wird schon gesorgt, während wir gerade miteinander sprechen. Diesen Augenblick mit dir zu teilen ist gegenwärtig die allerwichtigste Beschäftigung. Meine Energie mit deiner zu verbinden, damit wir einander erkunden können, hat für meinen Empfindungskörper höchste Priorität. Es wird auch »oberstes Gebot« genannt.

Mich beschäftigt ein bestimmtes Thema, die spirituelle Familie – oder besser gesagt, die fehlende spirituelle Familie. Ich weiß, dass sie Bestandteil eines spirituellen Lebens sein sollte. Aber ich frage mich, wie das wohl aussehen könnte.

Legen wir doch erst einmal fest, was eine spirituelle Familie überhaupt ist. Man kann sie sich als ein Gefüge vorstellen, das Rückhalt und Sicherheit gibt. Ist es die leibliche Familie oder nicht? Das spielt im Grunde genommen keine Rolle. Ist es die spirituelle Familie, wie man sie heutzutage nach Definition von New-Age-Kreisen auffasst? Das spielt ebenfalls keine Rolle. Eine spirituelle Familie umfasst nicht einfach nur die Gruppe Gleichgesinnter, die dir am Herzen liegen. Sie ist die Instanz, die mit deinem spirituellen Wachstum betraut wurde. Man hat ihr die Aufgabe übertragen, dich zu einem tieferen Verständnis von dir selbst, der Selbstlosigkeit und der Bedeutung deiner Abkunft von der Sonne zu bringen. Das bedeutet, dass eine unmittelbare Verbindung zu der solaren Kraft besteht, der du entstammst und von der die ursprüngliche spirituelle Familie kommt.

Es gibt nämlich eine ursprüngliche spirituelle Familie. Ich sage *gibt*, nicht *gab*. Sie hat nicht etwa vor langer Zeit existiert und dann an Bedeutung verloren oder zu sein aufgehört. Es gibt eine echte und ursprüngliche spirituelle Familie des Seins, und du bist ein Teil von ihr. Es ist eine Sonnenfamilie, nicht unbedingt eine Erdenfamilie. Die spirituelle Familie ist das, was – seit einem individuellen Schöpfungsakt von der höchsten Quelle als individueller Gedanke und individuelle Erfahrung – daran festhielt, dass es einen Ursprung namens Familie gibt. Dass es Unterstützung gibt, denn es gibt immer die Seinessenz namens Einheit, die Quelle. Und diese ist das Eine und die Vielen. Insofern ist die Ursprungsfamilie der Quelle das Eine und die Vielen. Sie ist die Quelle und jenseits der Quelle. Sie ist die Quelle und auch das, was anscheinend nicht die Quelle ist. Sie ist der Einzelne und alles, was zu ihm gelenkt wird. Das ist die Ursprungsfamilie. Du bist ein Teil dieser Familie.

Ich suche schon so lange nach meiner spirituellen Familie. Wie kann ich sie finden?

Wer nach der spirituellen Familie sucht, wird sie finden. Aber sie ist so weit verstreut wie die Sterne. Spirituelle Familien sind überall um dich herum und vor dir verstreut. Sie tauchen nicht der Reihe nach auf wie Nummern – sie tauchen verstreut auf wie die Sterne am Nachthimmel. Aber warum? Warum sollte es so sein? Warum müsst ihr nach all den Fehlschlägen in eurem Leben auch noch nach einer spirituellen Familie suchen und euch ständig fragen, wo sie sein oder auftauchen könnte? Der Zweck vom Ganzen ist, dass ihr euch auf die Suche macht.

Eine spirituelle Familie ist wie ein Punkt im Universum, und sie hat eine ganz bestimmte Frequenz – eine, die mit eurer übereinstimmt. Und sie verfügt über ein Leuchtfeuer und ein gewisses Verständnis, und ihr werdet magnetisch davon angezogen werden. Aber es ist nicht immer so, dass es euch nur hinzieht, um Mitglieder dieser Familie zusammenzuführen. Das ist eine falsche Vorstellung. Und so müssen wir dies von vornherein ansprechen.

Die falsche Vorstellung lautet: Wenn man seine spirituelle Familie fände, sollte man auch mit ihr zusammen sein. Das ist nicht der Fall, auch nicht bei denen, die ihr Zwillingsseelen, Zwillingsflammen, kosmische Doppelgänger und dergleichen nennt. Ihr müsst euch gegenseitig aufspüren, ihr müsst euch zurückholen, was ihr braucht. Ihr werdet die Seinsfrequenz integrieren, die euch ganz macht. Es ist jedoch nicht die andere Person, es ist nicht das Familienmitglied, das euch ganz macht.

Ihr selbst seid es. Es ist eure Seinsessenz, euer Bestreben, ganz zu *werden*.

Dennoch gibt es da welche, die eure Fähigkeit, euch selbst zu verstehen, zur Erfüllung bringen: Jedes Wesen, aus denen eure Familie besteht, fungiert als Spiegel, und wenn ihr in diesen Spiegel schaut, versteht ihr einen weiteren Aspekt von euch selbst. Ihr versteht einen weiteren Aspekt der Quelle.

Stimmt es, dass wir einer Kerneinheit von tausend Seelen entstammen und diesen tausend Seelen begegnen, wenn für uns ein Leben beginnt, und es daran liegt, dass wir mit manchen Menschen sofort warm werden und sie uns einnehmen, während es bei anderen nicht so ist?

Ihr kommt von einer Familie mit dem Namen Quelle. Es gibt nur eine einzige Seele, die Quelle heißt. Und aus dieser einen Seelenessenz namens Quelle gingen die Welten hervor. Jeder einzelne Mensch erschafft einen Weg, und kein einziger Weg ist dem von tausend Seelen oder tausend Gedanken gleich. Einige spirituelle Familien sind wie Sterne; sie sind keine Wesen. Sie sind nicht einfach Menschen, mit denen ihr irgendwelche Leben verbracht habt. Sie sind keine Engel oder spirituellen Lehrer. Sie sind keine Meister. Sie sind buchstäblich wie die Sternenkonstellationen am Nachthimmel.

Auch das sind eure spirituellen Familien, und wenn ihr zum Nachthimmel aufblickt und sprecht: »Ich sehne mich nach zu Hause«, heißt das nicht unbedingt, dass ihr über die körperlichen Beschränkungen hinausgehen wollt. Es bedeutet einfach, dass ihr diese Sternensysteme, Gruppierungen, Planeten und Sternenkonstellationen als euer Zuhause wiedererkennt.

Sternenkonstellationen beeinflussen, genau wie Planeten, euer Sein. Sie sind Systeme, die euch Rückhalt geben. Und diejenigen, die auf der Erde nicht mit vielen physischen Wesen oder physischen Erfahrungen in Verbindung kommen, richten sich auf die Sterne aus. Jene, die sich von den Sternen leiten lassen, sind nicht zwangsläufig weniger physisch. Für sie ist das Körperliche einfach ein nicht so wichtiges Zubehör. Diejenigen, die zum Nachthimmel emporblicken und ihn als Freund ansehen, fühlen sich in einem Körper und außerhalb genauso wohl wie in oder außerhalb einer Kultur.

Auch hier gilt wieder, dass diejenigen, die den Blick zum nächtlichen Himmel richten, nicht auf ein Leben oder einen Weg, ein bestimmtes Geschlecht oder eine bestimmte Rasse angewiesen sind. Ihre Leitperspektive ist universal, und die Tatsache, dass sie sich vom Nachthimmel leiten lassen, bedarf eigentlich keiner weiteren Erklärung. Außerdem wird ihnen diese Führung eher im Traumzustand als im Wachzustand zuteil. Es ist eher die innere Sphäre als die äußere, die sie anleitet.

Ihre spirituelle Familie ist vielleicht ein- und dieselbe wie eure, nur eben nicht verkörpert und in einem physischen Seinszustand. Es ist weder eine Tante noch ein Onkel oder irgendetwas in dieser Art.

Eine spirituelle Familie ist eine wahre Quelle der Unterstützung, niemals endend und niemals beginnend. Sie ist die Tiefe, die Wahrheit und die Erkenntnis, dass alles, was du brauchst, bereits vorhanden ist. Sie ist ein Bezugspunkt. Sie ist ein Verstehen. Sie ist ein Anfang und ein Ende. Sie ist eine Selbstentdeckungsreise, bei der man sein inneres Selbst findet. Die einen reisen rund um die Welt, um ihre spirituelle Familie zu finden, die anderen reisen in ihr eigenes Herz und werden fündig. Und dann sind da noch jene, die sich aus dem Körper heraus in die nächtlichen Träume begeben, und auch sie werden ihre spirituelle Familie finden. In diesem Fall braucht nur ein Mangel vorzuliegen.

Aber ein Mangel ist doch etwas, das wir beheben können, das uns weiter wachsen lässt ...

Wenn ihr einen Mangel an Liebe erfahrt, so könnt ihr nicht gut gedeihen. Das trifft auf viele zu, die man als »Indigos« bezeichnet. Selbst wenn sie Liebe empfangen, ist es gewöhnlich nicht die Art von Liebe, die sie brauchen. Und doch empfangen diese grandiosen Wesen Liebe von vielerlei Seiten. Aber sie bekommen nicht das, was sie brauchen – und der Zweck ihres Daseins besteht darin, für sich herauszufinden, was sie eigentlich brauchen, was sie benötigen und wie sie es bekommen.

Sie erkennen schon jetzt, von vornherein, dass das, was sie brauchen, nicht verfügbar ist – nicht in ihrem Leben, nicht in ihrer Familie, vielleicht noch nicht einmal auf der Erde. Und diese Wesen müssen mehr als alle anderen, die heute auf dem Planeten sind, sich gegenseitig finden, und sie werden sich gegenseitig finden.

Ist die spirituelle Familie, aus der ich hervorgegangen bin, daran beteiligt, die derzeitige Entwicklung der Erde voranzutreiben?

Sie unterstützt tatsächlich die Evolution der Erde, aber wieder einmal muss ich betonen, dass alle Wesen, die heute auf der Erde sind, zu ihrer Evolution beitragen. Alle Wesen fördern die Evolution der Erde – sowohl jene, bei denen alles zu funktionieren scheint, als auch die, bei denen es nicht so wirken mag. Sie alle sind bei der Evolution behilflich. Wenn ihr nämlich nicht selbst eine Entscheidung trefft, so wird sie für euch getroffen. Und wird sie für euch getroffen, so folgt daraus, dass ihr die Zügel wieder selbst in die Hand nehmen sollt. Wenn ihr das nicht tut, werden immer neue Anregungen vorgebracht.

Alle Wesen treten bei der Evolution der Welt und auch bei ihrer eigenen Evolution in Erscheinung. Es ist ein Rahmen, eine architektonische Anlage, die sich da zeigt, doch innerhalb dieser Anlage sind einige, die weiter unten auf dem Gerüst oder dem Fundament stehen, und dann sind da andere, welche die Zuständigkeit für Regionen haben, die höher oder ätherischer sind. Es gibt gröbere Formen der Evolution und feinere Formen der Evolution, aber alle, die sich derzeit auf der physischen und nichtphysischen Erde einfinden, tragen zu ihrer Evolution bei. Hierzu gehören Wesen aus der dritten Dimension, der vierten Dimension, der fünften Dimension und noch höher.

Alle, denen etwas an der Erde liegt, stehen der Erde gegenwärtig bei. Alle, die eure Erde auf irgendeine Weise beobachten, bringen sich dadurch ein – selbst diejenigen, die sagen würden: »Ich bin keine gute Hilfe für die Erde.«

Es ist eine Umkehr der Wesensart, die sich gerade manifestiert. Die Welt krempelt sich buchstäblich um. Dabei werden alle Staubflusen in den Jackentaschen zutage gefördert. Alle Ängste, alles, wonach es euch verlangt, alle nicht näher erforschten Emotionen, all die unausgesprochenen Worte, all die ungelebten Vergangenheiten, die ganze nicht eingetretene Zukunft ... alles kommt zum Vorschein. Es tritt hervor. Jedes Wesen hat für die Erde eine Funktion inne. Alle erwachen.

Es heißt immer wieder, wir befinden uns im Zeitalter des spirituellen Erwachens. Was bedeutet das? Führt das zu Veränderungen in mir, die ich fürchten muss?

In Zeiten geboren zu werden und zu sterben, in denen ein großes spirituelles Erwachen vor sich geht, ist schon für sich genommen etwas Einzigartiges. Und wenn dies auch noch mit den größeren kosmischen Zyklen zusammenfällt, wie bei euch, so ist das nichts weniger als wundersam. Doch »wundersam« muss nicht »leicht« heißen. Es kann sein, dass jemand auf wundersame Weise vom Tod errettet wird, aber den Rest seines Lebens schwerstbehindert ist. Ein Wunder ist dabei etwas, das die höhere Reichweite der Kräfte überwindet, die sich auf die Naturgesetze und die Gesetze der Menschheit zurückführen lassen. Diese Definition lässt viel Entdeckungsspielraum!

Mit den Zeitaltern spirituellen Erwachens verhält es sich wie mit den Generationen: Sie wiederholen sich ab und an auf einzigartige und besondere Weise. Jeder Zyklus umfasst neue und interessante Aspekte des Erwachens, aber nichts davon ist so bemerkenswert wie jene, die sich in präzisen Abständen immer dann ereignen, wenn die eine große Ära verblasst und die Geburt der nächsten schon im Gange ist. Dies beschreibt ziemlich genau die Epoche, in der ihr zu dem Abenteuer aufbrecht, in dem ihr euch gerade wiederfindet, selbst wenn es euch bisher noch nicht sonderlich wie ein Abenteuer erscheinen mag.

Die Übergangszeit zwischen großen Zyklen bringt eine gewisse Umwälzung mit sich, denn die Evolution und der Wandel stellen sich nicht immer so ohne Weiteres ein, vor allem, wenn jede Facette des Lebens einer bestehenden Welt dazu aufgefordert ist, sich irgendwie weiterzuentwickeln, oder vor dem möglichen Untergang steht. Wie ihr euch vorstellen könnt, kann dies sehr belastend sein, und sei es auch nur auf unbewusster Ebene.

Solche Umwälzungen haben doch schon zum Untergang ganzer Zivilisationen geführt, nicht wahr? Du solltest es wissen, es ist auf deinem Körper geschehen.

Du meinst das technologisch hoch entwickelte Atlantis und das erheblich größere Reich von Lemurien, die parallel zueinander existierten.

Lemurien war in Inseln des Lichts und Lernens gegliedert, die sich weit über die Grenzen erstreckten, die ihr euch heute vorstellt. Es waren starke, familienähnliche Gemeinschaften, deren Zusammenhalt durch gemeinsame Interessen bestand. Sie gehörten weder zur Erde noch zum Himmel, und es wäre schwierig, sie geografisch auf oder in der Erde anzusiedeln.

Ihre Bewohner waren mit der Evolution vertraut, nicht jedoch mit der Veränderung. Und sie wussten nicht, was sie anfangen sollten, als gleich in Scharen die *Tauschlinge* anrückten. Lemurische Tauschlinge sahen – wie ihre modernen Verwandten, die Indigos – nicht so aus wie der Rest ihrer Sippe, und sie verhielten sich auch anders. Ihre Gedanken waren wie die Verrücktheiten von Jugendlichen, denn die Tauschlinge sahen eine Zukunft voraus, die sich dem Blick der Ältesten in ihren Lichtgemeinschaften irgendwie entzog. Was aber sahen sie?

Sie sahen, dass der Himmel wahrhaftig über ihnen zusammenbrach, zumindest was ihr gegenwärtiges lemurisches Leben betraf, denn in ihre Zukunftsvision war die Notwendigkeit eingewoben, sich entweder für einen Abstieg ins Physische zu entscheiden oder sich komplett von dieser Ebene zurückzuziehen. Geistig und körperlich uneins, wie sie waren, konnten die Lemurier keine Einigkeit erzielen. So verschoben sie ihre Lichtinseln an bestimmte Punkte innerhalb des Energiegitters der Erde, die der Zukunft des Planeten entsprachen, und so bedeutete das Ende des lemurischen Zeitalters nicht das Ende der sanften lemurischen Wesensheit, ebenso wenig wie der Untergang von Atlantis deren Bewohner aus eurem Zellgedächtnis löschte.

Jedes Zeitalter lebt weiter und stößt dort auf eine Erweiterung, wo es vom Willen hingelenkt wird.

Lesen Sie bitte weiter
im nebenstehenden Buch ...

EVOLUTION DER MENSCHHEIT

Neue Botschaften
von Mutter Erde

gebunden, Leseband
272 Seiten, € 19,95

ISBN 978-3-939373-50-6

»Das Leben währt lange, aber die Zeit ist knapp.« – Gaia

Die Welt befindet sich in einem beschleunigten Übergang, und bei den Menschen bildet sich ein immer klareres Bewusstsein heraus.

Gaia spricht davon – von unserer neuen Einstellung zum Krieg, den Planeteneinflüssen auf Geschlechter, Liebe und Beziehungen, von den Dimensionen zwischen Tod und Wiedergeburt, der Aussicht auf spirituelle Grundlagen in der Wirtschaft, den Meditationen für die neue Heilung und den lemurischen Wechselbälgern.

Pepper Lewis studierte Geschichte und Journalismus, wurde Mutter zweier Kinder und Computerfachfrau, bevor 1994 ein Erdbeben ihr Leben veränderte. Seitdem channelt sie Mutter Erde, auch Gaia genannt.

Lee Carroll, der häufig mit ihr zusammen auftritt und als Kryon-Medium weltberühmt wurde, schrieb in einem Artikel: »Erfreuen Sie sich an den Botschaften in diesem Buch. Sie werden ihr Herz erwärmen und Sie gleichzeitig im tiefsten Inneren Ihrer Seele bilden.«

Mehr Leseproben auf www.AmraVerlag.de

AUFBRUCH INS HÖHERE BEWUSSTSEIN

Tom Kenyon channelt die Hathoren-Botschaften

240 Seiten, Hardcover, Leseband
mit Fototeil und Musik-CD
Amra Verlag, € 19,95

ISBN 978-3-939373-31-5

Die Hathoren sind interdimensionale Wesen, die in Ägypten durch die Göttin Hathor wirkten und unsere Entwicklung fördern. »Wir sind das, was ihr eine aufgestiegene Zivilisation nennen würdet.« Das vorliegende Buch versammelt ihre bis 2009 im Internet verbreiteten Botschaften.

2012 - DER MAYA CODE

Barbara Hand Clow enthüllt die Zeitbeschleunigung

384 Seiten, Hardcover, zwei Lesebänder
mit einem Nachwort an die deutschen Leser
Amra Verlag, € 22,95

ISBN 978-3-939373-33-9

Dieses Buch verleiht uns eine neue Sicht vom Universum. Auf der Grundlage der Arbeit von Carl Johan Calleman und anderen Erforschern des Maya-Kalenders untersucht die Autorin sechzehn Milliarden Jahre der Evolution und entschlüsselt das Schöpfungsmuster – das Bewusstsein der Erde.

Textauszüge und Hörproben auf www.AmraVerlag.de

DAS GEHEIMNIS DER ATLANTISCHEN KRISTALLBIBLIOTHEK

Das *neue* Buch von Karin Tag
320 Seiten, davon 16 Seiten Fotostrecke
mit Leseband und Schutzumschlag
Amra Verlag, € 22,95

ISBN 978-3-939373-51-3

Eine goldgefasste Kristalltafel, die Portale in höhere Dimensionen öffnet, Orakelsteine, die Lichtbilder projizieren, Teile des Skeletts und das Herz von Amaru Muru, dem letzten Priester von Atlantis – diese und andere magische Objekte aus reinem Bergkristall erhielt Karin Tag vom Volk der Inka. In Trance erlebte sie, welchen Ursprung sie haben und welche Aufgabe ihnen zukommt. Sie ging auf eine Reise, die sie ins Innere der Erde führte. Dies ist ihr Bericht. Expertisen beweisen die Echtheit der Stücke.

HEILUNG DER ERDE

Eine Heilzeremonie nach traditioneller schamanischer Überlieferung, gesungen von Karin Tag
Amra Records, 74 Minuten, € 19,95

ISBN 978-3-939373-71-1

Diese CD ist eine Rarität. Das Tönen der Muschel leitet ein Ritual ein, das sich über eine Liebeserklärung an Mutter Erde, den Ruf des Kondors und dreizehn weitere Stücke fortsetzt. Die Zeremonie dient dem Frieden unseres Planeten und berührt alles, was lebendig ist, mit tiefer Liebe.

Textauszüge und Hörproben auf www.AmraVerlag.de

2012 – DIE GROSSE VERÄNDERUNG

Channelings von Lee Carroll,
Tom Kenyon & Patricia Cori

224 Seiten, Hardcover, Leseband
Amra Verlag, € 19,95

ISBN 978-3-939373-36-0

Weltweit führende Channel-Medien blicken auf das Jahr 2012. Durch sie sprechen Kryon, Maria Magdalena, die Hathoren und der Hohe Rat vom Sirius über die bevorstehenden Veränderungen auf der Welt, in uns selbst und über die Beschleunigung unserer Bewusstseinsprozesse.

2012 – DAS BEWUSSTSEIN DER NEUEN ZEIT

Channelings von Lee Carroll,
Pepper Lewis & Patricia Cori

256 Seiten, Hardcover, Leseband
Amra Verlag, € 19,95

ISBN 978-3-939373-44-5

Die Welt verändert sich rapide. Die alten Regeln gelten nicht mehr. Kryon, Mutter Erde und die Sirianer beantworten Fragen über die wahre Natur unserer Realität. Kryon sagt: »Geht davon aus, dass viele Informationen in diesem Buch eine tiefgreifende Veränderung der Menschheit einleiten.«

Textauszüge auf www.AmraVerlag.de

SPIRITUELLES ERWACHEN 2013

Lee Carroll & Freunde
versammeln Energien der Neuen Zeit:
272 Seiten, gebunden und mit Leseband
Amra Verlag, € 19,95

ISBN 978-3-939373-75-9

Nach Kryon, der uns durch Lee Carroll neue Botschaften bringt, channelt ein junges Medium aus Frankreich, Nathalie Chintanavitch, die Energie der Inka. Dann bietet Anna, die Großmutter von Jesus, übermittelt von Claire Heartsong, ihre Sicht auf die Zeitenwende dar, und Jill Mara bringt uns das Lichtwesen Simion und dessen Lehren aus der siebten Dimension. In seinem Vorwort schreibt Lee Carroll: »Für mich ist dieses Buch der nächste Schritt, denn nun werden wir darum gebeten, uns endgültig für das Neue Zeitalter zu öffnen.«

THOTH – MEDITATION ZUR RECHTSDREHENDEN DNS

empfangen und gesprochen
von Christina Holsten
Amra Records, 51 Minuten, € 19,95

ISBN 978-3-939373-81-0

Meister Thoth sagt: »Nur der feste Entschluss, den Weg der Erkenntnis zu gehen, kehrt die linksdrehende Rotation eurer DNS in eine rechtsdrehende um. Erst dann wird die vollständige 12-Strang-DNS sichtbar.« Ein von Thoth selbst gegebenes Werkzeug, das unsere spirituelle Entwicklung beschleunigt.

Textauszüge und Hörproben auf www.AmraVerlag.de